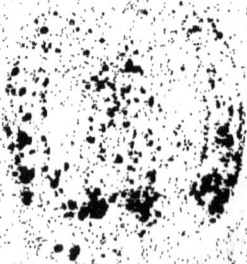

LES ELEMENS

DE LA

POLITIQVE

SELON LES PRINCIPES

DE LA NATVRE.

Par P. FORTIN, *Seigneur*
de la Hoguette.

A PARIS,

Chez Antoine Vitré, Imprimeur ordinaire du Roy, & du Clergé de France.

M. DC. LXIII.

Auec Priuilege de sa Majesté.

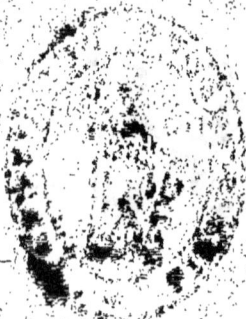

AVANT-PROPOS.

IL n'y a point d'amour ce me semble, qui nous doiue estre plus naturel, ny qui soit plus digne d'vn homme de bien que celuy de son pays. Celuy du pere & du fils, du mary & de la femme, du frere au frere, de l'amy à l'amy, & du Prince au sujet, n'ont qu'vne simple relation l'vn vers l'autre. Celuy de la Patrie, qui embrasse toutes ces conditions, a quelque chose en soy de plus noble que tous ces autres deuoirs. Cét amour, en toute bonne police, doit

ã ij

AVANT-PROPOS.

eſtre la principale fin de l'education de tous les jeunes gens, afin
qu'ils apprennent de bonne heure
l'obligation qu'ils ont au Public,
qui eſt vn tout duquel ils ne ſont
qu'vne petite partie. Ce monde
nous doit eſtre à tous comme vn
grand theatre dans lequel il faut
qu'vn chacun de nous ſoit acteur
& ſpectateur à ſon tour en faueur
de la communauté.

    Tout jeune que j'ay eſté, ie me
ſuis toûjours proposé quelque employ, dont l'Eſtat dans lequel ie
ſuis nay peuſt retirer quelque ſeruice de moy. Mon pere ne m'en
laiſſa pas le choix au commencement ; mais ſi-toſt que ie fus en
ma puiſſance par ſa mort, voyant

AVANT-PROPOS.

que la paix estoit vniuerselle par
tout, pour ne demeurer pas oisif
dans vn temps si paisible, ie me
resolus en 1612. de m'embarquer
volontaire dans vn armement
par mer qui se faisoit en la coste
de Normandie, sous le nom de la
feuë Reyne Mere, pour vne descente & vne nouuelle peupla-
de en Affrique, dans la riuiere
de Gambre. Nous partismes de
la Hogue pour cét effet ; mais
auant que nous fussions hors de la
Manche, il y eut si peu d'intelligence entre nostre General & nos
autres Chefs, pour estre, comme
ie croy, tous nouices dans le mestier de la Marine, qu'il nous
fallut relascher en Broüage, &

enuoyer en Cour pour remedier à
ce desordre.

Ie fus choisi pour ce voyage, où
j'auois assez heureusement reüssi,
ayant apporté les ordres du Roy
pour accommoder tous leurs differends ; mais à mon retour ie
trouuay que nostre General, du
havre où il estoit, s'estoit mis au
large auec vne partie de ses vais-
seaux. Ie fus à son bord pour le
ramener ; ce ie crûs pouuoir faire
luy ayant apporté de la Cour toute sorte de contentement, & aussi
parce que ie sçauois qu'il auoit
esté contraint de laisser en Broüage la Commission qu'il auoit du
Roy ; mais ie le trouuay absolument resolu de faire voile sans

AVANT-PROPOS.

auoir de Commiſſion, pluſtoſt que
de ſe remettre ſous la Couleurine
de la place ; & moy ie le quittay,
pour ne vouloir pas courre auec
luy, comme on dit, ſur le bon bord,
quoy que mon principal deſſein en
ce voyage , euſt eſté d'acquerir
quelque experience en la nauiga-
tion des vaiſſeaux ronds.

Ie voyois qu'en ce temps-là peu
de Gentils-hommes ſe meſloient
de la Marine , & que ſi j'auois
quelque ſuffiſance en ce meſtier,
j'aurois ſujet d'eſperer d'y auoir
vn jour quelque employ qui ſeroit
conſiderable. Ie ſçauois que la mer
battoit aux coſtes de la plus grande partie des Royaumes de l'Europe , & que l'autre partie eſtoit

ā iiij

AVANT-PROPOS.

Insulaire ou Peninsulaire. Ie sçauois que tout l'or des Indes estoit
apporté par mer, & que celuy
qui en estoit le maistre l'estoit du
trafic, qui est la plus riche & la
plus certaine miniere d'or d'vn
Estat. Ie n'ignorois point que la
bataille nauale d'Actium n'eust
autrefois decidé de l'Empire du
monde, & que le gain de celle de
Lepante n'eust arresté le cours
du progreZ des armes du Turc
sur toute la Chrestienté. Toutes
ces considerations furent les mo-
tifs principaux de mon embar-
quement en ce voyage, dont le débris qui se fit en Broüage fut cause que d'homme de mer, que ie
m'estois proposé d'estre, ie deuins

AVANT-PROPOS.

homme de terre ; Et voicy comment.

En ce mesme temps M. le Ma-
reschal de Saint Luc, qui estoit
venu en Broüage par l'ordre du
Roy, sur le soupçon qu'on eut de
quelque nouueau remuëment de
la part de ceux de la Religion
dans la Saintonge & l'Aunis,
me fit l'honneur de me dire que si
ie voulois demeurer auprés de luy,
ie n'y serois pas long-temps sans y
auoir quelque sorte d'employ. I'ac-
ceptay volontiers ce party, & ie
commençay deslors à seruir le Roy
auprés de luy, & hors d'auprés
de luy, non seulement dans toutes
les guerres de la Religion, mais
dans toutes celles des Princes, qui

AVANT-PROPOS.

furent vne espece de maladie im-
pliquée, qui comme vne fievre
d'Estat qui estoit erratique, eut
plusieurs accés, & beaucoup de
dangereux redoublemens.

Dans les commencemens de
guerre que ie vis en ce temps-là,
ie reconnus qu'il y auoit peu de
gens parmy nous qui entendissent
bien ce mestier ; ce qui m'obligea
de passer en Hollande pour l'apprendre, l'année de la rupture de
la tréue entre l'Espagne & les
Estats des Prouinces vnies, mais
ie n'y fus pas si-tost arriué, que ie
sceu la descente du Roy en Guyen-
ne auec vne armée ; la redition
de Saumur en passant, & les sieges de S. Iean & de Clerac ; ce

AVANT-PROPOS.

qui fut cause que ie fis vne si bon-
ne diligence pour mon retour, que
j'arriuay volontaire auec Mon-
sieur de Guittaut à celuy de
Montauban, le mesme jour de la
fougade qui emporta le Marquis
de Villars, & le fils aisné du
Comte de Riberac, quand le feu
se mit aux poudres au quartier
des Gardes.

Ie fis encore vn autre voyage
dans le mesme Pays au siege de
Breda, où toute la jeunesse de la
Cour vint aussi; mais cette pla-
ce n'ayant point esté attaquée de
viue force, chacun se sauua de ce
blocus comme il pût.

Depuis & auant ce temps-là
ie suis tousiours demeuré dans le

AVANT-PROPOS.

seruice , dehors & dedans le
Royaume, par mer, par terre, à
pied, à cheual, auec charge, ou
sans charge ; dans l'armée, ou en
garnison, jusques en l'année 1639.
que ie m'embarquay volontaire
auec feu M. l'Archeuesque de
Bourdeaux, pour vne entreprise sur la Corogne , qui est vne
ville tres-considerable dans la coste de Galice, prés du Cap d'Or-
tiguieres, dans laquelle ont accoustumé de se faire tous les em-
barquemens des bisognes qui pas-
sent d'Espagne en Flandres. Cette entreprise ayant mal reüßi, on
fut de là à S. Ander, où l'on prit
vn Gallion & Larede, vne des
principales villes de la coste de

Biſcaye, qui fut pillée. Ce voyage de mer fut de quatre mois, qui
eſt le dernier exploit de guerre où
ie me ſuis trouué.

Deſlors ie me retiray cheʒ moy,
reſolu d'y paſſer en paix le reſte
de ma vie, & de me marier, quoy
que ie fuſſe en l'âge de cinquante-
cinq ans ; pensée que ie n'auois
jamais euë auparauant, eſtant
perſuadé qu'il n'y auoit rien qui
fuſt plus capable d'auilir le cœur
d'vn homme de guerre , qu'vne
femme & des enfans. Dans ce
deſſein ie fus ſi heureux que Mon-
ſieur l'Abbé de Beaumont , qui a
eſté depuis Eueſque de Rhodeʒ ,
& qui maintenant eſt nommé à
l'Archeueſché de Paris , me fit

AVANT-PROPOS.

l'honneur de me donner vne sœur qu'il auoit, de laquelle j'ay eu cinq enfans, deux filles & trois garçons, qui sont autant d'ostages que j'ay donnez à l'Estat.

L'aisné de mes garçons, apres auoir esté cinq ans Page du Roy dans la petite Escurie, Soldat vn an dans le Regiment des Gardes, où il a veu les sieges de Dunkercke & de Grauelines, & la bataille des Dunes, & auoir esté dix-huit mois dans les Mousquetaires, est maintenant dans vn Royaume estranger Cornette de la Mestre de Camp d'vn General d'vn merite extraordinaire, & de condition; sous lequel il apprend son mestier. Le second de

AVANT-PROPOS.

mes enfans fait dans la Sorbonne
sa premiere année de Theologie;
& mon cadet, apres auoir esté
soldat vn an, comme son frere aifné, dans le Regiment des Gardes,
a eu l'honneur d'auoir entré depuis quatre mois dans la Compagnie des Mousquetaires du Roy.
Ainsi Dieu m'a fait la grace,
qu'en l'aage de soixante & dix-
huit ans que ie cours, nonobstant
l'arriere saison de mon mariage,
ie voy presentement mes trois enfans faire figure dans le monde,
& capables desia de seruir le Roy
& l'Estat auquel ie les ay tous
deuoüez.

  I'auois si peu d'esperance d'vne
si longue vie, que voyant mes

enfans tous jeunes, & moy defia vieux, ie penfay que ie leur deuois laiffer en forme de teftament quelques Confeils pour leur conduite. Quelques-vns de mes amis, apres les auoir leus, voulurent que ie les donnaffe au public ; ce que ie fis, dont le fuccez fut fi heureux, qu'ils receurent vne approbation qui fut affez generale ; & mefme j'ay quelque opinion qu'ils auront procuré l'honneur que i'ay eu d'auoir efté choifi par Monfeigneur & Madame de Longueuille pour eftre le Gouuerneur de Meffeigneurs les Princes leurs enfans.

Ie fuis obligé de reconnoiftre qu'en cét employ ie n'ay feruy que de chaffauant à leurs Alteffes,

&

AVANT-PROPOS.

& que ie me suis plus façonné moy-
mesme en faisant executer leurs
volontez & leurs sages conseils en
qualité d'vn fidelle surueillant, que
ie n'ay contribué du mien à former
l'esprit de ces jeunes Princes. Les
exemples de la pieté & des vertus
domestiques qui reluisent dans
cette maison, & la pratique de la
science du monde qu'ont eu chez
eux ces deux jeunes Princes ont
fait en eux diuersement leur impression selon la differente disposition de leurs esprits, ayant fait de
l'aisné, quoy que Nouice encore,
vn sujet tres-accomply dans le seruice de IESVS-CHRIST; &
du plus jeune qui n'a que quator-
ze ans, vn enfant si sage & si
auisé dans sa petite conduite, qu'il

ẽ

AVANT-PROPOS.

n'y a personne qui ne le regarde comme vn fruit qui a toute sa maturité deuant sa saison.

Durant le séjour de quatre ans que j'ay fait aupres de ces jeunes Princes, j'ay recherché quel pouuoit estre le fondement de toute bonne police, pour en tirer quelques preceptes que ie peusse appliquer aux occasions à leur education. Car en effet, la politique est la science que les personnes de condition qui sont appellez plustost que les autres aux grands emplois de l'Estat, doiuent le mieux sçauoir. Apres en auoir fait vne tres-exacte recherche, j'ay trouué qu'il n'y en auoit point de meilleure, ny de plus saine que celle qui estoit le plus conforme à la loy de nature.

AVANT-PROPOS.

non corrompuë : & que cette loy
non corrompuë, celle de Dieu & de
la droite raison, n'estoient qu'vne
mesme loy.

I'ay laissé entre les mains de
M. Vitré le raisonnement que i'ay
fait sur cette matiere, quoy que
brut encore & imparfait, & l'ay prié
d'examiner auec quelques-vns de
ses amis & des miens, s'il y auoit
rien en ce traité qui fust contraire
aux loix de l'Estat, de la Religion
& aux maximes les plus saines
de la vie ciuile, afin de le purger
des impuretez & des fautes que
ie n'aurois pas aperceuës. S'ils
trouuent qu'il n'y ait rien qui merite d'estre reietté, ie consens qu'il
soit donné au public, afin que l'E-
stat auquel ie le dedie, iouïsse du

ẽ ij

trauail des dernieres, comme des premieres années de ma vie.

Ie deurois auoir quelque confusion de faire voir dans ce petit détail du cours de ma vie, par la mediocrité de la fortune que j'ay faite, le peu de merite que j'ay eu ; mais il me semble qu'il est neceffaire qu'on sçache que nous auons fait quelque figure dans le monde auant que d'en prendre congé ; c'est pourquoy ie n'ay point fait de difficulté de m'exposer en veuë, tel que ie suis, en me retirant chez moy, où ie pretends de referuer pour moy seul & pour mes valets la beßiere de mes années, que ie m'aperçoy sentir desia le rance & le moify comme font toutes les autres choses qui vieilliffent.

TABLE

TABLE
DES CHAPITRES.

ē iij

Fin de la Table des Chapitres.

Extraict du Priuilege du Roy.

LE Roy par ſes Lettres patentes à permis
à Antoine Vitré ſon Imprimeur ordinaire,
& du Clergé de France ; d'imprimer, vendre
& diſtribuer vn Liure intitulé : *Les Elemens*
de la Politique , ſelon les principes de la Nature ;
compoſé par P. Fortin, *Seigneur de la Ho-*
guette : & ce pour le temps & eſpace de vingt
ans ; Auec defenſes à tous autres de les imprimer , faire imprimer , & contrefaire, ny
d'en auoir d'autres que de l'impreſſion dudit
Vitré , à peine de trois mille liures d'amende,
confiſcation des Exemplaires , deſpens, dom-
mages & intereſts ; comme il eſt porté plus
à plein par leſdites Lettres, données à Paris,
le 9. Auril 1663. Signées, Par le Roy en ſon
Conſeil, Charlot. Et ſcellées.

Acheué d'imprimer pour la premiere fois le
14. Auril 1663.

Les exemplaires ont eſté fournis.

LES ELEMENS

DE LA

POLITIQVE

SELON LES PRINCIPES

de la Nature.

CHAPITRE PREMIER.

QV'IL Y A VN PRINCIPE de toutes choses, dont l'vnité & la bonté sont indiuises. Et que plus vne chose est vne & simple, plus elle est parfaite.

LA difference qu'il y a entre toutes les choses qui sont au monde les tiendroit dans vne continuelle diuision sans auoir jamais de paix, de liaison, ny de rang entr'elles, si

A

toutes elles n'auoient vn seul &
commun principe, qui dans la dependance qu'elles ont de luy ne
fist leur commune reünion. Il est
absoluëment necessaire, que puis
qu'il y a vn dernier, il y ait vn premier. Que tout ce qui est au dessous soit soûmis à ce qui est au
dessus de luy, & qu'il y ait vne
subordination dont le progrés se
fasse de proche en proche, jusques
à ce qu'on ait rencontré quelque
terme independant, qui sous ce
respect, soit dans la nature des
choses le premier en ordre. Pour
estre Independant, il faut de necessité qu'il ait son existence en
soy-mesme. Qu'il n'ait rien de
commun auec le reste que sa presence seule, de laquelle toutes
choses ont besoin. Qu'il soit si

simple, qu'il ne puisse estre compris de nostre entendement, ny exprimé par la parole, estant au dessus de tout ce qui se peut dire & penser; parce que s'il n'est dégagé de toute composition, & qu'il ne soit absoluëment simple & premier, il ne peut estre principe, ce qui n'est point simple estant necessiteux des choses dont il est composé, & ce qui n'est point premier estant soûmis à tout ce qui le precede.

Ainsi cette Nature independante ne se peut regarder que comme vne hauteur inaccessible, laquelle plus on la veut considerer, plus elle paroist hors de toute mesure. Voicy la seule atteinte que l'esprit de l'homme luy peut donner, à sçauoir que comme

A ij

pour fe reprefenter quelque fujet
intelligible il faut rejetter hors de
nous l'image fenfible de la mefme
chofe, & alors il fe forme en nous
vn concept qui eft au deffus de
nos fens. Ainfi pour faire quelque decouuerte de ce Principe
independant, il le faut confiderer
au deffus de toute intelligence, &
rejetter hors de nous toutes les
formes que l'imagination en peut
conceuoir en fe reprefentant qu'il,
n'eft rien de tout cela. Alors il
femble qu'en cette exclufion il
reluit vn rayon de fon exiftence,
par vne negatiue, qui n'ayant pû
determiner ce qu'il eft, ny quel il
eft, le demontre en quelque façon comme vn Principe independant, duquel tout depend eftant
principe, & auquel on ne peut

rien attribuer qui luy foit propre eftant Independant.

Cecy eft merueilleux, qu'encore que Dieu ne puiffe eftre exprimé, il n'y a rien en nature, tant petit foit-il, dans lequel l'empreinte de fa reffemblance ne paroiffe, *Signatum eft fuper nos lumen vultus tui, Domine* : & non feulement en l'homme, mais jufques aux moindres creatures. Le point mefme qui eft vn efpece de neant tant il eft mince, eftant le commencement d'vne quantité continuë fans eftre vne quantité, nous le defigne en quelque façon; & fon immobilité dans le cercle autour duquel & vers lequel fe fait la reuolution, nous eft vne image fenfible du principe fixe & immuable, duquel fans fe mouuoir

A iij

procede le mouuement de toutes
les chofes creées, & vers lequel
toute leur action fe rapporte, fans
qu'il agiffe que de fa prefence feule, eftant leur commencement &
leur fin.

Il eft permis d'examiner de proche en proche comme quoy tout
procede de ce Principe immobile.
Ie confidere premierement que
toutes les chofes naturelles ont
de leur effence propre cette vertu
innée de pouffer au dehors d'elles vne autre nature qui en depend, qui eft la reprefentation de
la mefme puiffance d'où il fait
cette emiffion : par exemple; la
glace, toute ftupide & engourdie
qu'elle eft, ne conferue pas fa froi-
deur en foy feulement , elle la
communique auffi aux chofes qui

luy font contiguës ; le parfum fait
la mefme chofe, qui retient en foy
& pouffe autour de foy fon odeur,
qui eft fa reffemblance. Il fort du
feu vne effufion de chaleur, & du
Soleil vn écoulement de lumiere
qui n'eft ny feu ny Soleil , mais
leur image. Tout corps mefme
qui, comme la matiere, eft le dernier en ordre dans l'Vniuers fait
fon ombre qui eft fa reprefentation.

　　Ainfi felon nature chaque chofe en produit vne autre qui depend d'elle, dont la defcente de
haut en bas decline en cette multitude d'eftres , defquels nous
voyons que l'Vniuers eft rempli,
& le retour de bas en haut, d'eftage en eftage remonte par degrez
jufques à vn principe qui ne peut

eſtre produit, qui eſt le dernier
terme où finit cette gradation de
dependance, & par lequel toutes
choſes ſont ce qu'elles ſont. Car
de s'imaginer que cét Eſtre ſouuerain ſoit oiſif & infecond, comme quelques-vns l'ont reſvé; &
que la ſeule Puiſſance ſouueraine,
de laquelle toutes les autres ne
ſont qu'vne imitation, demeure
ſeule dans l'impuiſſance de produire ſon image; cela ne ſe peut
ſouſtenir, parce que ce ſeroit
aneantir tout principe; car dequoy ſeroit-il principe s'il ne pro-
duiſoit rien ? Il arriueroit auſſi
qu'en oſtant cette ſubordination,
au lieu que tout eſt de Dieu, chaque choſe ſubſiſteroit par elle-
meſme. Quiconque admet vn
premier, ſuppoſe neceſſairement

vne suite en laquelle les choses qui sont immediatement apres le premier, ont plus ou moins de dignité selon leur rang.

Les Platoniciens, qui de toùs les Philosophes ont esté les plus penetrans en la recherche de l'essence de Dieu, nous le representent comme vne Vnité tres-simple & immobile, de laquelle il se respand vn torrent de lumiere immaterielle, qui est son Intelligence. Ce qui s'accorde en quelque façon aux saintes Lettres, qui nous apprennent que le premier acte de Dieu dans l'œuure de la Creation, fut celuy de la lumiere; ce qui ne se peut entendre que d'vne lumiere intellectuelle, parce que le Soleil, les Estoilles & la Lune, d'où deriue la source de la lumie-

re fenfible, n'ont efté creez que le
quatriéme jour. Cette opinion a
quelque rapport auffi au buiffon
ardant & parlant qui s'apparut à
Moyfe en la montagne d'Oreb,
& luy donna l'intelligence de ce
qu'il auoit à faire en Egypte ; &
s'il eft permis de le dire, elle a plus
de rapport encore à ce qui fe fit
en la Transfiguration du Fils de
Dieu, quand fa face apparut plus
claire que le Soleil, & qu'il fortit
d'vne Nuë remplie de lumiere,
vne voix, difant, C'eft icy mon Fils
bien-aymé, lequel Fils la Theologie nous apprend eftre l'Intelligence du Pere.

Quoy qu'il paroiffe qu'il y ait
de la temerité de vouloir penetrer
en ce qui eft de la nature de Dieu,
il femble toutefois qu'il y a quel-

que obligation à la creature d'employer toutes les puiſſances de ſon ame pour taſcher de connoiſtre ſon Createur. Or comme il n'y a rien de plus merueilleux en tout ce qui tombe ſous les ſens, que la lumiere laquelle irradie toutes les parties du monde inferieur, & s'inſinuë imperceptiblement en elles pour les viuifier, il ſemble qu'on a eu quelque raiſon de ſe repreſenter Dieu comme vn Principe duquel il ſourd vne effuſion de lumiere qui l'enuironne, & ſe figurer que cette effuſion de lumiere increée eſt vne intelligence eſſentielle & indiuiſe d'auec luy. Parce que ſi elle eſtoit produite elle le ſeroit auec mouuement, & par conſequent il y auroit quelque alteration en Dieu, lequel eſt

vne Vnité ſi ſimple, & tellement
dégagée de toute compoſition,
que meſme ie ne puis dire ny pen-
ſer de luy qu'improprement, que
ce ſoit vne hauteur inacceſſible,
vne eſſence indiuiſible, & vne
puiſſance infinie, de peur qu'en
cela meſme il ne paroiſſe que ie
vueille compoſer ſon eſſence, ou
reduire ſon immenſité ſous quelque ſorte de meſure.

En effet, encore que Dieu ſoit
ineffable, s'il y a quelque attribut
qui luy puiſſe conuenir, ce doit
eſtre celuy de l'Vnité, laquelle,
quoy qu'elle ſoit vne excluſion
de toute multitude, ne laiſſe pas
d'en eſtre le commencement & la
fin. Ainſi Dieu eſt le terme fixe
d'où ſe produit la multitude de
toutes les choſes creées, & où elles

se terminent toutes, sans qu'il y
ait aucune diuision en son Vnité.
C'est pourquoy la secte la plus
saine & la mieux esclairée de tous
les Philosophes anciens, qui a esté
celle de Pytagore, a reconnu
Dieu sous le nom d'Apollon, qui
signifie vne priuation de toute
pluralité. Et non seulement cette
secte de Philosophes, mais vne
partie aussi de l'Antiquité a reue-
ré le Soleil sous le mesme nom
d'Apollon, s'accordant en cela
auec les saintes Lettres, qui pour
nous donner, sous vn signe visible, quelque indication de la nature inuisible de Dieu, nous en-
seignent qu'il a mis son Tabernacle dans le Soleil. Parce que comme le Soleil & l'emission de lumiere qui sort du corps du Soleil

l'vnité à laquelle on ne peut donner de parties, ny la diuifer fans la
deftruire, il s'enfuit de là que l'v-
nité & la bonté fouueraine con-
ftituënt fans diuifion ce qui eft le
premier en ordre dans la nature
des chofes, finon il faudroit admettre deux principes au lieu
d'vn.

Cette vnité & cette bonté fouueraine & premiere ne peut eftre
confiderée que fous vne forme
qui foit defgagée de tout fujet &
de toute compofition, parce que
fi elle eftoit en quelque fujet, elle
ne feroit plus fimple : Si auffi elle
entroit en quelque compofition,
deflors elle feroit imparfaite,
eftant reduite fous la forme du
fujet qu'elle compoferoit. Ainfi
la bonté & l'vnité demeurent in-
diftinctes

distinctes entr'elles en leur simplicité ; autrement l'vne d'elles
seroit de la suite de l'autre, d'où
il arriueroit qu'estant diuisées,
l'appetit de nature, par lequel
chaque chose tend autant qu'elle
peut à maintenir son bien & son
vnité, se relâcheroit. Cét appetit
de conseruer son bien & son vnité,
est vniforme & vniuersel en toutes choses creées, parce qu'il procede d'vn principe qui est Dieu,
dans lequel l'vnité demeure toûjours indiuise d'auec sa bonté.
Nous en voyons vn exemple en
la creation du monde, en laquelle
lors que Dieu eut fait la lumiere,
le firmament du Ciel, les deux
grands Luminaires, les Estoilles,
l'Homme : & qu'il eut commandé
à la terre & à l'eau de produire

B

toute herbe verdoyante, toute
plante portant fruit, & tout animal viuant en elles selon son genre & selon son espece, toutes lesquelles choses furent autant d'v-
nitez, il vid, dit l'Escriture, que
tout ce qu'il auoit fait estoit bon,
& tres-bon, parce que toutes ces
creatures, estant l'ouurage de son
vnité, qui est indiuise d'auec sa
bonté, receurent en ce moment
leur vnité singuliere de ce diuin
Principe, qui est leur commencement & leur fin, non seulement
pour estre, pour viure, pour agir,
pour auoir de la raison & de l'intelligence; mais pour bien estre,
bien viure, bien agir, bien raison-
ner, bien entendre, & faire en leur
plus grande perfection toutes les
fonctions dont elles estoient capables.

En effet l'indiuifible vnion de la bonté auec l'vnité ne procede point d'ailleurs que de ce qu'il y a vne vnité & vne bonté fouuerai- ne, laquelle eft toûjours recuëil- lie en foy pour fe maintenir en fa perfection, & tousjours diffufe dans tous les eftres, pour leur communiquer auec fon vnité fa bonté, fans qu'elle s'épuife, ny qu'elle entre en aucun mélange auec eux, tant elle eft abondante & fimple.

Et d'autant que cette vnité & cette bonté fouueraine eft eter- nelle, quoy que la matiere des chofes temporelles foit fi fluide, qu'on ne puiffe juger fi ce qui fe fait d'elle eft corruption ou gene- ration, elle empefche toutefois, par vne fuite de moments, qu'elles

ne difparoiffent comme le temps,
dont elles fuiuent le cours, jufques à ce que la nature ait fubfti-
tué en leur place quelque nouuelle generation.

Il eft certain que cette vnité &
cette bonté fouueraine s'abyfme-
roit dedans fa propre profondeur,
fi elle ne fe refpandoit dans toutes les vnitez fubalternes qui viennent d'elle, comme en eftant le
principe & la fin. Son progrés fe
fait auec vn tel ordre, que plus
vne chofe approche de l'vnité fimple, plus elle eft vne en foy, & par
confequent plus parfaite; & qu'à
mefure auffi qu'elle s'efloigne de
l'vnité fimple, moins elle eft bonne, & moins elle a de perfection.
Et finalement s'il arriue que la
multitude des parties dont vne

chofe eft compofée, foit tellement efpanduë, qu'il ne paroiffe
plus d'vnion entre elles, il refulte
de là vne confufion vague & indeterminée, qui eft entre les maux
le dernier mal, comme l'vnité
premiere & fimple eft le premier
bien entre les biens.

Si donc cette maxime, tirée
des principes de Nature, que plus
vne chofe eft vne & fimple en foy,
plus elle a de perfection, eft vne
verité infaillible, il eft conftant
que tout Eftat Monarchique, qui
dans l'vnité de fon Prince reprefente vne premiere vnité, doit
eftre le plus parfait & le plus conforme à Nature que toute autre
forme de gouuernement. Mais
comme il n'y a rien que Dieu feul
qui puiffe conferuer fon vnité, il

se fait quelquefois vne rebellion
des parties principales d'vn Eſtat
contre leur Chef, qui veulent entrer dans la communauté du gouuernement, leſquelles, quoy que
reduites ſous vn ſeul conſeil, ne
conuiennent pas toûjours entr'elles quand il eſt queſtion de reſou-
dre & de decider vne affaire qui
ſoit importante. Ce qui fait que
cette ſeconde forme de gouuernement eſt en ſa diuiſion plus imparfaite que la premiere. Ioint
auſſi que du gouuernement des
Grands qui a desja fait vne rupture dans l'vnion de la Monarchie,
le pas eſt plus gliſſant dans vn
Eſtat populaire où chaque perſonne particuliere doit auoir dans
les affaires ſes ſuffrages & ſa voix;
Et d'autant que le peuple eſt vne

befte à plufieurs teftes, fufcepti-
ble d'vne infinité de differentes
opinions, il arriue fouuent que
de cét Eftat populaire, on tombe
fouuent auffi dans vne anarchie,
qui eft vne confufion d'hommes
viuans en defordre, où chaque
perfonne veut commander, & pas
vne ne veut obeïr, qui eft la pire
de toutes les conditions où l'homme fe puiffe rencontrer.

Sur ces deux fondemens que ie
viens de pofer, dont l'vn eft l'indiuifion de l'vnité d'auec la bonté, qui ne fe quittent jamais; &
l'autre eft l'indiuifion du mal d'a-
uec la confufion qui procede de
la multitude, qui font infeparables auffi, j'ay formé le projet de
ce difcours Politique, pour faire
voir quelle eft la perfection de

l'Eſtat Monarchique au deſſus de
toute autre forme de gouuernement. I'en ay fait l'ouuerture par
la demonſtration d'vn premier
principe , & ie fay voir dans ce
premier Chapitre, que ſon vnité
& ſa bonté, qui ne ſont qu'vne
meſme choſe, ſe communiquent
indiuiſément en toutes les choſes
creées, dont l'eſtre & le bien con-
ſiſtent en leur vnité.

CHAPITRE II.

DEFINITION DE LA MONARCHIE,
qui tire sa perfection de ce qu'elle est plus sim-
ple & plus recueillie en soy que toute autre
sorte de gouuernement. Et de la necessité de
la vie ciuile.

TOVTE Monarchie pour estre
bien definie doit estre vne societé de plusieurs personnes, familles, Villages, Villes, & Prouinces, reduites ensemble sous vn deuoir mutuel, & sous l'vnité d'vne
loy humaine & diuine, qui soit
commune à tous, & sous le commandement d'vn seul, auquel ait
esté donné par vn consentement
public, ou par vn droit successif,
vn pouuoir absolu de faire obseruer cette Loy, pour le bien particulier & le bien general d'vn chacun.

Ie donne à cette definition beaucoup plus d'estenduë que tous ceux qui ont traité de la Politique, parce que ie trouue que la Monarchie ne peut auoir de fondement qui soit solide, legitime, & conforme à la nature que sous toutes ces conditions.

C'est pourquoy ie louë Dieu de m'auoir fait la grace d'estre nay sous cette forme de gouuernement que ie trouue si parfaite, qu'à son respect il me semble que toute sorte de police n'est que bastarde & illegitime, parce qu'il n'y a que celle-là seule, qui represente sous l'vnité d'vn Roy, l'vnité de Dieu, & sous la relation de toutes les parties de son Estat à luy seul, le rapport qu'ont toutes les parties de l'Vniuers à vn

seul principe. La durée de nostre
Monarchie, qui est à peu prés de
douze cents trente-cinq ans, fait
voir l'excellence de cette police,
& que le fondement en a esté
bien posé, puisque la translation
de l'autorité Royale, en trois differentes races, n'y a point apporté de changement. Et que la mi-
norité de plusieurs Roys, l'imbe-
cillité de quelques-vns, leur demence, tant de seditions, tant de
guerres ciuiles, estrangeres & de
Religion, tant d'abcez qui se sont
formez & se forment à toute heure dans le corps de l'Estat, n'ont
point empesché que nos Loix qui
en sont la baze, ne subsistent encore auec la mesme force & vigueur qu'elles eurent sous le premier de nos Roys. L'Histoire re-

marque qu'il eut le nom de Pha-
ramond ou Warmont qui veut
dire en vieux langage, bouche de
verité, qui est vne qualité si excellente à vn Roy, que Dieu n'a
pas desdaigné de se l'attribüer à
luy-mesme, en disant qu'il estoit
la Verité.

Les Politiques nous apprennent
qu'il y a trois sortes de Gouuernement, celuy d'vn seul, de plusieurs, & de tout vn peuple ; la
plus excellente doit estre apparemment celle dont toutes les
parties sont reduites sous l'vnité
d'vne seule teste ; des deux autres,
l'vne est vn corps à plusieurs testes, & l'autre est vn tout, lequel
a autant de testes que de corps, &
par consequent leur vnité estant
moins vne & simple que celle de

la Monarchie doit auoir moins de perfection qu'elle. Ce n'eſt pas que la Monarchie ne ſoit compoſée d'vn nombre infiny d'vnitez, comme de pluſieurs Familles, Villages, Villes, & Prouinces, mais toutes ces vnitez ont vne telle ſubordination entre elles & leurs chefs, que leur tout ſe reduit ſous l'vnité d'vn ſeul Eſtat & d'vn ſeul Commandant qui eſt le Roy ; Tout corps qui fait teſte par tout, comme fait l'Eſtat populaire, n'eſt qu'vn monſtre ; c'eſt pourquoy cette forme de gouuernement tient plus de l'anarchie que d'vne Police bien reglée. Tout corps à pluſieurs teſtes, comme l'eſt l'Ariſtocratie, a pluſieurs defauts auſſi. Le reſultat de ſes conſeils eſt plus difficile à prendre en

ce qu'il arriue souuent qu'au lieu
de resoudre on conteste. Le se-
cret qui est l'ame d'vn Conseil, y
est moins fidellement gardé, & il
se peut faire aussi, qu'outre les in-
terests de l'Estat, chaque particulier ait les siens; & alors cette
forme de Police a autant de Tyrans que de Conseillers. La Monarchie n'est point sujette à tous
ces accidents, en laquelle il n'y a
que le Prince qui juge seul de ce
qui a esté deliberé en sa presence.
Il discute les aduis, il les pese &
les resoult seul, si ce n'est qu'il
luy plaise d'en conferer auec quelques-vns de ses plus confidents,
auant que de les mettre en execution. Que s'il arriue qu'il abuse
de son autorité absoluë, encore
vaut-il beaucoup mieux estre ex-

posé à la temerité d'vn seul Maistre, que de plusieurs. Puis donc
que l'homme est selon la disposition de nature obligé de viure en
societé, & qu'en toute societé il
doit y auoir vne loy de direction,
& de superiorité, il luy est plus ad-
uantageux de se trouuer sous la
puissance d'vn seul Directeur, ou
de quelques-vns des Grands, que
d'estre nay dans vn Estat populaire, où chaque particulier est assu-
jetty sous autant de Maistres
qu'il y a d'hommes qui compo-
sent le corps de cét Estat.

La Sapience diuine en l'œuure
de la Creation, apres auoir creé la
terre, ne voulut pas la remplir
d'vne multitude confuse d'hommes & de femmes nais en vn instant, pour éuiter le desordre que

pouuoit caufer le partage des
fruicts, & le choix des femmes, &
du lieu de leur habitation. Parce
qu'en venant au monde fans loix,
fans difcipline, tous égaux, & tous
d'vne ventrée, pas vn d'eux n'euft
voulu ceder à fon compagnon,
d'où il pouuoit arriuer vne tuërie
pareille à celle que les Poëtes nous
ont reprefentée dans les fables
de Cadmus & de Medée, en la
naiffance tumultueufe de quelques hommes, qui fortant de la
terre tous armez, s'entretuerent
tous les vns les autres.

La mefme Sapience, pour mieux
concilier noftre focieté, ne voulut pas non plus, en faifant l'homme, tenir le mefme ordre qu'elle
auoit tenu en la creation de tous
les autres animaux, dont elle fit
en

en mefme temps vn couple de
chaque efpece, mafle & femelle.
Quand elle le crea, quoy qu'il foit
de tous les animaux le plus fociable, elle le crea feul au commencement, afin que fous le refpect
d'vn feul principe, l'vnion qu'elle
vouloit eftablir entre les hommes fuft entretenuë, & qu'eftant
le feul pere commun de tous fes
defcendans qui font confreres
entr'eux, noftre filiation, qui s'eft
prouignée depuis cette premiere
fouche jufques à nous, nous fuft
à tous vn plus eftroit lien de dilection.

Apres cette premiere creation
de l'homme, Dieu vid, dit l'Efcriture, qu'il n'eftoit pas bon qu'il
fuft feul, c'eft pourquoy il en fit
vne feconde en fa faueur, qui fut

celle de la femme, qu'il tira de
son costé, afin qu'elle fust & sa
compagne & qu'elle luy fust soû-
mise comme estant venuë de luy.
Et d'autant que cette societé, qui
n'estoit composée que de deux
personnes seulement, estoit imparfaite à cause du petit nombre
des associez, il leur commanda de
l'accroistre & de la multiplier,
pour former dans la recreuë de
leurs enfans, le premier corps
d'vne societé complete qui est la
famille. Toutes les autres familles qui se font prouignées de cel-
le-cy, n'ont esté composées que
des mesmes parties, à sçauoir du
pere, de la mere, & des enfans,
lesquelles ayant esté reduites ensemble sous le commandement
d'vn seul, comme chaque famille

l'auoit esté sous celuy du pere, ont
donné la premiere forme à l'Estat
Monarchique, qui est le plus parfait de tous.

Cette jonction de familles,
pour composer vn seul corps, ne
procede que d'vn appetit de nature, qu'ont toutes les choses ho-
mogenées de se reünir entr'elles,
pour se mieux conseruer. Sous ce
respect la terre se reünit à la terre,
l'eau à l'eau, l'air à l'air, le feu au
feu, l'homme à l'homme, & chaque espece d'animal à son espece,
qui sont toutes bestes de compagnie.

Que s'il y en a quelques-vnes,
qui pour estre trop sauuages &
farouches sont incapables de societé, comme le sont les Tygres,
les Lyons, les Ours, les Loups,

& tous oyſeaux qui ont les ongles
ou le bec crochu, c'eſt vn effet de
la bonté de nature, qui les a ren-
duës inſociables entr'elles pour
les affoiblir en noſtre faueur. Elle
a voulu auſſi que tous les oyſeaux
de mauuais preſage fuſſent ſoli-
taires; & relegue toutes ſortes de
ſerpens, de crapaux & de beſtes
venimeuſes, chacune en ſon cachot, comme eſtant ſon plus vil
& ſon dernier excrement.

Les Freſlons, les Gueſpes, &
ces petits eſſains de mouſcherons
qui ne viuent qu'vn inſtant, ont
vn eſtre plus parfait que ces animaux feroces & immondes, en ce
qu'ils paſſent en ſocieté le moment de vie qui leur a eſté donné
par la nature.

Enfin la ſocieté d'eſpece à eſpece, & des parties auec leur tout, est tellement necessaire, que là où elle manque il semble que la nature defaille aussi. L'œil separé du corps n'est plus vn œil, ny la main couppée n'est plus vne main, ce ne sont plus que parties mortes, qui dans leur separation d'auec leur tout, ont perdu leur nom auec leur fonction. Il en est ainsi de l'homme insociable, qui est vne partie si morte à ses autres parties, que tant s'en faut qu'il soit vn Dieu ou vne beste, comme l'a dit Aristote, qu'il ne merite d'estre consideré dans le monde, que comme ces animaux renfermez en leur coquille, qui n'ont ny vie ny mouuement que pour eux.

Tout bien consideré, il n'y a

point d'animal qui selon nature
doiue estre plus sociable que
l'homme, parce qu'outre la voix
qui luy est commune auec les
brutes , pour exprimer comme
elles le sentiment de ce qui le fas-
che, ou de ce qui luy est agreable,
il a encore au dessus d'elles l'vsage de la parole, qui est vn agent
si necessaire en la societé, que sans
elle on ne peut determiner ce qui
est juste, d'auec ce qui ne l'est pas,
ny consulter ensemble de ce qui
se doit faire, ou laisser pour l'vtilité commune. Par son moyen
l'ame se communique à l'ame, on
se consulte & on s'instruit l'vn
l'autre, auec vn deuoir que la nature a voulu estre si reciproque,
que celuy qu'elle a rendu incapable de me conseiller par le defaut

de fa parole, elle l'a rendu inhabile auffi à receuoir mon confeil
par le defaut de fon oüie, comme fi elle vouloit defigner que
nous fuffions quittes de noftre
affiftance enuers celuy qui n'eft
pas capable de nous donner la
fienne, tant elle eft exacte à faire
obferuer le deuoir refpectif qui
eft le nœud de toute focieté.

La force de la focieté fe mani-
fefte particulierement en la com-
paffion mutuelle que nous auons
l'vn pour l'autre, dont l'effet eft fi
prompt & fi foudain, que fouuent
fans en auoir aucun fujet l'homme
rit, pleure & s'attrifte de compagnie. Encore que toutes mains
foient femblables, & que tous
efprits, par le moyen de la raifon,
foient capables de toute forte de

manufacture & de discipline, nous voyons neantmoins que la Nature a voulu diuiser les fonctions de l'vn & de l'autre, en donnant à la main & à l'esprit de l'homme vne differente application, quelque ressemblance qu'ils ayent. Pourquoy cette differente application, si ce n'est pour nous reduire en la necessité de nous entr'ayder par vn commerce de seruices respectifs, vn chacun de nous ayant besoin à toute heure de l'art & de l'industrie de son compagnon.

L'ayde mutuel est vn seruice que la Nature a rendu commun également à toutes sortes d'animaux comme à l'homme, jusques aux insectes. Les Abeilles s'entr'aydent à bastir leurs petites cel-

lulles, & à les difpofer auec ordre.
Les Fourmis vont au fecours l'vn
de l'autre, pour faire leur logement & l'amas de leurs prouifions. Chacun de ces petits animaux a fa fonction particuliere en
faueur de la communauté. Pas vn
ne chomme, tous trauaillent jufques à vne certaine heure, qui au
dedans, qui au dehors. Ils ont des
appartemens differents pour leurs
prouifions; l'vn porte des viures,
& l'autre de la paille & du fable,
jufques à auoir le foin de retirer
leurs morts; ce qui nous doit faire croire qu'il y a quelque police
parmy eux. Car de s'imaginer
qu'ils laiffent en confufion tout
ce qu'ils apportent dans le lieu de
leur retraite, fans qu'il y ait quelques magazins feparez pour con-

seruer chaque chofe, ny qu'ils fe
logent en defordre les vns fur les
autres, & leurs morts auec eux, il
n'y a pas d'apparence. Si donc il
y a quelque ordre parmy eux, cét
ordre qui n'eſt point fortuit, eſt
vne loy de direction : Il n'y a point
de direction qu'il n'y ait vn dire_
cteur, & par confequent il eſt
vray-femblable que les Fourmis
ont leur roy comme les Abeilles,
& qu'en leur police, comme en la
noſtre, outre leur ayde mutuel, il
doit y auoir vn feul commandant,
& des fujets qui luy obeïſſent.

Et d'autant qu'il eſt icy queſtion de reduire l'homme fous le
commerce de la vie ciuile, j'ay
penfé qu'il eſtoit neceſſaire d'examiner auparauant quelle eſt fa nature, quelle eſt l'alliance de l'ame

auec le corps qui conftituë fon
effence, quelles font fes paffions,
quel eft leur vray vfage, quel eft
leur abus : Si le peu d'intelligence
qu'il y a entre la partie fenfitiue
& la raifonnable fe peuuent accorder, quel moyen il y a de les
concilier; parce que fi la paix ne
fe faifoit entr'elles l'homme feroit
priué du bien & de l'vnité fpeci-
fique de fon effence, qui confifte
à eftre raifonnable, & par confequent il feroit incapable de toute
focieté. L'examen de toutes ces
chofes feruira de fujet au Chapitre fuiuant.

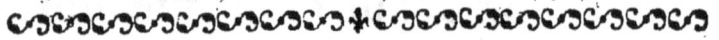

❦❦❦❦❦❦❦❦❦❦❦❦❦❦❦❦❦❦❦❦❦❦

CHAPITRE III.

QV'IL EST NECESSAIRE DE connoiſtre quelle eſt la nature de l'homme ſingulier, auant que de le conſiderer en ſocieté, afin de voir s'il en eſt capable.

LE moment auquel ie me ſuis propoſé de traiter de ces Elemens Politiques, qui m'a eſté vn inſtant imperceptible, me découure en quelque façon qu'il y a vn point fixe en Nature duquel toutes choſes procedent, & qui leur tient lieu de commencement. Pareillement la penſée que j'ay de l'ordre que ie veux tenir, duquel il y a quelque intelligence en moy, m'eſt vne indication qu'il y a quelque ordre & quelque nature intelligente détachée de la matiere qui eſt au deſſus de

la mienne, de laquelle il s'eſt reſpandu quelques rayons juſques à
moy : car d'où me ſeroient venuës
ces notions de principe d'intelligence & d'ordre, dont ie trouue
que mon ame eſt originairement
imbuë, ſi ces choſes-là n'auoient
point vne exiſtence réelle en el-
les-meſmes. En troiſieſme lieu,
quand ie fais vne reueuë ſur tout
ce qui ſe preſente à mes ſens, ſoit
que ie monte des choſes ſingu-
lieres aux vniuerſelles, ou que ie
deſcende des vniuerſelles aux ſin-
gulieres, ie m'apperçois en cela
qu'il y a en moy vne puiſſance
diſcurſiue que nous appellons raiſon, laquelle peut bien examiner
toutes les choſes particulieres qui
ſont expoſées aux ſens, les compoſer entr'elles, & faire auſſi la

diuifion & la refolution de celles qui font compofées jufques à
leurs parties les plus fimples, mais
ie ne vois pas que cette mefme
puiffance ait la faculté d'en former elle feule vn jugement fans
en auoir auparauant fait fon rapport à vne autre puiffance que
nous appellons l'Intellect, & fans
en auoir confulté auec luy ; parce
que l'acte de la raifon confifte
fimplement en la recherche de la
verité, & l'acte de l'Intellect en
decide.

Finalement, apres auoir bien
examiné ce que ie fuis, ie trouue
que pour conftituer mon effence
il a fallu que mon ame ait efté
affociée à mon corps, lequel dés
ce mefme inftant l'a auffi affociée
en la communauté de toutes les

neceffitez, & de toutes les paffions aufquelles la nature du corps
eft fujette. De là eft venu le befoin que j'ay de me nourrir, de
me veftir, de me loger, & de rejetter tous les excremens defquels
ie me trouue furchargé. De là
procede le foin que j'ay de me
conferuer, & de rechercher auec
empreffement tout ce qui me
femble eftre neceffaire pour les
commoditez & pour l'aife de la
vie. De ce principe, fe forme en
moy la tempefte de toutes mes
paffions. Si j'ay peur, ie crains
pour le corps, auffi eft-ce en luy
que paroift ma palleur & mon
tremblement, qui font les fignes
exterieurs de ce que ie fouffre. De
là eft caufée mon émotion à la
naiffance de ma colere, & mon

inflammation en son progrez. Ie
m'apperçois bien aussi que si ie
suis triste mon teint se ternit &
mon cœur se resserre, & que si ie
passe en l'autre extremité, l'vn s'é-
panoüit & l'autre se dilatte. Enfin, il n'y a aucune partie en mon
corps qui n'expose en veuë l'empreinte de l'agitation que cause
en moy la douleur, la volupté, la
concupiscence, la colere, & la
peur, dont ie ne puis transferer le
sentiment à l'ame, que ie n'ad-
mette en ce faisant qu'elle est susceptible de palleur, de rougeur,
& de tremblement, qui sont autant de qualitez passibles du
corps, lesquelles on ne luy peut
attribuer, estant immaterielle,
sans mettre en compromis son
immortalité. On peut dire d'elle
simple-

simplement qu'elle eſt le principe d'où procede la paſſion, ſans
eſtre le ſujet où elle ſe fait.

Nous en voyons l'effet en la pudeur, qui ſe forme de l'opinion
qu'on a d'auoir commis quelque
faute, laquelle ayant ſon principe dans l'ame, attire du cœur la
fleur du ſang ſur le viſage, où reluit cette émotion innocente,
qui juſtifie plus le criminel qu'elle ne l'accuſe. Il en eſt ainſi de
toutes les autres paſſions qui ont
leur principe dans l'ame, ſoit
qu'elle joüiſſe, qu'elle eſpere,
qu'elle craigne, ou qu'elle deſi-
re; de toutes leſquelles agitations
le corps ſouffre les empreintes &
les viciſſitudes, ſelon qu'il en eſt
plus, ou moins émeu par l'opinion.

D

Ainſi on ne peut dire qu'improprement que l'ame ſoit émeuë, ſi
ce n'eſt qu'on veüille entendre
qu'elle le ſoit d'vn mouuement
actif, qui excite la paſſion que le
corps ſouffre. Ie ſouſtiens meſme
qu'il n'y a aucune vertu, ny aucun
vice, qui puiſſe eſtre attribué à
l'ame, comme vne qualité dans
ſon ſujet, mais bien comme vn
acte qui procede d'elle ; de ſorte
que quand on dit qu'il la faut purger, ce n'eſt pas qu'on veüille luy
oſter aucune mauuaiſe qualité,
mais ſimplement on ſe propoſe
de reduire l'acte & le mouuement
qui luy eſt propre & naturel, ſous
vne direction qui ſoit bonne.

D'ailleurs auſſi, quand ie me
repreſente la peine & l'ahan que
ſouffre maintenant mon ame en

la recherche qu'elle fait de fa nature propre, & des veritez cachées
qui peuuent feruir de fondement
à ce Traité ; & que ie confidere
aufli le remords que caufe en la
confcience la fynderefe, & combien eft cuifant le fentiment d'vn
affront receu qui nous deshono-
re, toutes lefquelles chofes n'ont
rien de commun auec le corps,
ie me fens alors conuaincu par
mon propre reffentiment, de croire que l'ame n'eft pas impaffible.
Et tant s'en faut que ie fois de l'o-
pinion de ceux qui tiennent que
la paffibilité de l'ame deftruife
fon immortalité, qu'au contraire
ie trouue pluftoft qu'elle la con-
firme & l'eftablit; car que deuien-
droient les recompenfes & les
peines futures des bonnes actions

& des mauuaifes, fi le fujet aufquelles elles font promifes n'e-
ftoit plus.

Pour eftre mieux efclaircy de
la nature de l'homme & de fes paffions, ie remonte jufques à fa premiere origine, où ie trouue, que
comme en fa creation la terre &
l'eau (qui auoient desja eu en celle des animaux la puiffance de
produire toute ame vegetante &
fenfitiue) furent la premiere matiere de laquelle Dieu fe feruit
pour le former auant que de luy
auoir infpiré le fouffle de vie:
qu'ainfi dans fa feconde filiation,
qui eft celle de fa naiffance en ce
monde, la faculté vegetante &
fenfitiue precede toûjours ce qu'il
y a de plus fpirituel en luy, qui
eft fon raifonnement & fon intel-

ligence ; d'où il arriue souuent
que la plus grande partie des hommes prennent en leurs premieres
années vne telle habitude & vn
tel goust en cette vie sensuelle,
qu'ils ne connoissent point d'autre bien, ny d'autre mal que celuy
qui contente la chair, ou qui bles-
se les sens ; semblables à ces oy-
seaux de proye, lesquels estant ap-
pesantis & surchargez de ce qu'ils
ont rauy sur la terre, ne peuuent
voler en haut, quoy que la nature
leur ait donné des aisles pout s'es-
leuer. Telles personnes sont plû-
tost en l'ordre de la creation du
troisiéme, ou du cinquiesme jour,
ausquels furent creées les plantes
& les bestes, que du sixiesme, auquel jour l'homme fut inspiré du
souffle Diuin , qui constitua sa

vraye essence & le rendit semblable à son Createur.

Cette naissance hermaphrodite
de l'homme, composée de deux
natures si differentes, dont l'vne
est terrestre & l'autre inspirée, est
cause qu'il y a deux natures op-
posées en luy ; l'inspirée venant
de Dieu, qui est la raison mesme,
dispose l'homme à viure d'vne vie
vniforme, & qui soit constante,
tranquille & reglée en ses actions.
L'autre partie, qui pour le former,
fut prise de la mesme terre, (laquelle, en vertu de la parole du
Seigneur, eut la puissance de produire toute ame vegetante & sensitiue) rendit par contagion cette partie terrestre de l'homme
susceptible de tout ce qu'il y a de
plus farouche en toutes sortes

d'animaux. De là eſt venuë ſa fu-
reur, ſa colere, ſa cruauté, ſa fi-
neſſe, ſa concupiſcence, ſa peur,
& toutes les émotions deſreglées
auſquelles la partie inferieure eſt
ſujette; mais il eſt certain toutefois que comme Dieu a donné à
l'homme la maiſtriſe ſur les beſtes, qu'il luy a auſſi transferé le
pouuoir de dompter en luy ce
qu'il y a de plus brutal & de plus
irraiſonnable; & par conſequent
il peut non ſeulement eſtre le
maiſtre de toutes ſes paſſions,
mais il peut meſme les employer
à vn bon vſage.

Il eſt conſtant qu'il ne faut pas
tout à fait rejetter les paſſions;
on peut dire d'elles, que ce ſont
de bons & vtiles ſeruiteurs, quand
elles ſont regies ſelon la droite

raison ; de fascheux compagnons,
quand elles entrent en compe-
tence auec elle ; & des maiftres
imperieux quand elles la tiennent
fous leur fujettion. Ceux qui les
ont voulu ftupefier, les ont beaucoup affoiblies, ce me femble.
Ceux auffi qui les ont voulu entierement aneantir comme vne
chofe mauuaife, ne fe font pas
auifez que le corps de l'homme
eft le fujet où elles refident, &
que Dieu qui eft le Createur du
corps comme de l'ame, a dit, que
tout ce qu'il auoit fait eftoit bon.
Il eft donc certain qu'elles font
bonnes, eftant appliquées à vn
bon vfage, & qu'elles ne font
mauuaifes qu'en leurs abus. Met-
tez-vous en colere, & ne pechez
pas, dit le Pfalmifte, de la plus

violente de toutes nos paſſions.
Et ailleurs il dit de la plus foible,
que la crainte de Dieu eſt le commencement de la ſageſſe.

En effet, la plus grande partie
de nos paſſions ne tend qu'à maintenir l'vnion qui s'eſt faite de l'eſprit auec le corps ; nos cupiditez
ne ſont excitées que pour empeſcher que cette diſſolution ne ſe
faſſe, & s'il y a quelque choſe qui
veüille l'entreprendre, elles viennent tout auſſi-toſt au ſecours
pour y remedier. Le vray vſage
des paſſions conſiſte à les moderer en telle ſorte, que nos voluptez ſoient ſi tranquilles, qu'elles
ne paroiſſent que comme vne eſpece de relaſche aux trauaux &
aux langueurs où cette vie eſt ſujette. Que quand nous ne pou-

uons oſter la douleur tout à fait, qu'au moins nous la rendions ſupportable. Que ſi la colere nous ſurprend , ſon agitation , quoy qu'impreueuë, ne nous maiſtriſe pas. Que l'émotion de la peur ne nous ſoit qu'vn ſubit aduertiſſe-ment de nous tenir ſur nos gardes. Que l'vſage des choſes qui ſont neceſſaires à la vie ſoit frugal, & s'il ſe gouſte auec plaiſir, que ce ſoit ſans qu'il y paroiſſe de la diſ-ſolution. L'homme en ce faiſant trouuera dans le vray vſage de ſes paſſions le contre-poiſon, qui luy ſera propre contre leur abus & leur excez ; & alors elles luy ſe-ront ſoûmiſes auec vne telle de-ference, qu'à peine ſera t'il expo-ſé à la ſurpriſe & à l'impulſion in-conſiderée de ſes premiers mouuemens. Ainſi il y aura vne telle correſpondance entre la partie, qui eſt capable de raiſon & celle qui ne l'eſt pas, que s'il arriue que cette derniere ait quelque émotion déreglée, elle ſera honteuſe de l'auoir euë, comme le ſeroit vn bon ſeruiteur d'auoir fait quelque manquement en la preſence de ſon Maiſtre.

Ie ne fais point de doute s'il ſe pouuoit faire vne vnion entre le corps & l'eſprit de chaque homme, qui fuſt autant parfaite que celle que ie viens de repreſenter, qu'il ne ſe fiſt vn Prince tres-accomply de celuy qui ſeroit nay pour commander, & vn tres-bon ſujet de celuy qui ſeroit de condition d'obeïr. Mais comme les fonctions de la partie inferieure se trouuent les aisnées dans le commencement de la vie, & que les plaisirs des sens s'incarnent en nous, auec elles, soit par vne mauuaise habitude, ou par vn mauuais exemple; & aussi que tous les alimens, qui sont employez pour nostre nourriture, sont pris de la terre, & que la dissipation de nos esprits vitaux ne se restablit que de la substance des bestes, qui sont nos compatriotes & nos confreres en beaucoup de choses; il ne se faut pas estonner si le plus souuent la partie brutale, auec qui nous auons tant d'affinité, se rend la maistresse absoluë de l'autre.

Cette maistrise de nos passions sur nous est cause qu'vne partie des hommes ne viuent que pour

viure seulement comme vne
plante, & encore sous vne pire
condition, sans apporter aucun
fruit. Vne autre partie n'ayant nul
autre respect qu'à soy-mesme,
sont comme ces grands arbres
qui estouffent tout ce qui est au
dessous d'eux, en attirant à eux
toute la substance de la terre voi-
sine, & en receuant seuls toute la
rosée qui tombe du Ciel, quoy
qu'elle leur doiue estre commu-
niquée à tous en commun. Vne
autre partie se gouuerne en lyon,
en loup, en pourceau, en bouc,
& en renard, & comme si vn chacun d'eux n'estoit qu'vn peu de
bouë destrempée où le souffle Diuin n'auroit jamais esté inspiré,
semblables aux animaux qu'ils representent, ou plustost à ces mai-

sons infectées qu'on delaisse, ou
qui tombent en ruïne pour auoir
esté negligées, dans lesquelles il
n'y a que quelque serpent, quelque orfraye, ou quelque autre
beste immonde ou de mauuais
presage qui s'y retire. C'est alors
que l'homme n'est plus ce qu'il
doit estre; que sa ressemblance
auec Dieu, qui constituë son essence, est effacée: que son espece
qui le distingue d'auec les autres
animaux, ne se connoist plus en
luy, & qu'il ne luy reste plus aucun vestige de sa raison, qui est
l'acte de son essence qui determine son vnité specifique d'auec toutes les autres choses.

Cecy est assez estrange, que
l'ame qui apperçoit toutes sortes
d'objets par les sens, qui recher-

che, qui raisonne & qui juge, ait
si peu de lumiere en ce qui est de
sa connoissance propre, que toutes les reflexions que les Philosophes ont faites sur son sujet, sont
si confuses, & souuent si contraires entr'elles, que mesme ils n'ont
encore pû conuenir du lieu de sa
residence.

Les vns considerant les differents mouuemens qui paroissent
au corps, & ne voyant rien au dehors, qui peust estre cause de cette
action, ont eu raison de penser
qu'il y auoit quelque puissance
interieure, qui regissoit auec ordre la fonction de chaque partie,
& que par consequent l'ame estoit
au dedans du corps.

Les autres n'ont pas manqué
de raison aussi, quand ils ont

souſtenu que ſi l'ame ſe pouuoit
voir & ſentir, elle ſe preſenteroit
à nos yeux comme vne plenitude
de vie, qui aſſiſte ſimplement au
corps & qui l'irradie, ſans auoir
aucune attache auec luy, que celle de ſa preſence ſeule. Si cela n'e-
ſtoit ainſi, il s'enſuiuroit que la
partie de l'homme la plus noble
ſeroit compriſe en celle qui l'eſt
le moins, & que l'ame qui ne peut
receuoir aucune alteration, eſtant
immaterielle, ſeroit contenuë
dans vn ſujet qui n'a point de con-
ſiſtance, qui eſt le corps. Enfin, ils
croyent que l'ame eſt au corps,
ce que la lumiere eſt à l'air, qui le
remplit de clarté par ſa preſence,
ſans qu'elle ſe meſle auec luy ; ny
ſans luy laiſſer rien du ſien quand
elle ſe retire.

Ces

Ces differentes opinions de l'affiftance ou de l'inherence de l'ame auec le corps, ont efté cau-fe que quelques Philofophes ont creu qu'il y auoit deux vies en l'homme : & que la feconde n'e-ftoit qu'vne image de la premie-re. Que la premiere eftoit vn tout, fubfiftant en foy-mefme, fans auoir aucune attache au corps. Que la feconde eftoit affujettie au corps, produite par la premie-re, conferuée par elle, & qu'elle luy demeuroit contiguë, comme le rayon l'eft au Soleil d'où il fort. Ainfi la premiere tenoit lieu de forme à l'animal ; & la feconde le tenoit au corps naturel pour-ueu des organes, feruant à l'vfage de l'animal.

Il ne fera pas difficile de com-

E

prendre comme quoy cette seconde vie, qui est organique &
sensuelle peut estre produite par
la premiere, qui est purement intellectuelle si l'on considere atten-
tiuement que le son de la parole
verbale & articulée, qui est mate-
rielle, est vne énonciation deri-
uée de la parole interieure & mentale, qui est simplement rationelle. En cét exemple nous est assez
visiblement representé la possi-
bilité de la filiation qui se fait
de cette seconde vie par la premiere.

Les saintes Lettres nous donnent quelque indication de l'existence de ces deux vies en la creation du premier homme, quand
elles nous apprennent que pour
le former Dieu prit vn peu de

terre & d'eau, elles ne difent pas
pour former le corps de l'homme, mais l'homme ; ce qui ne
peut eftre entendu que de l'homme fenfuel & organique, parce
que le fouffle de vie, fans lequel
il ne pouuoit eftre fait à l'image
de fon Createur, n'auoit point
encore efté infpiré fur fa face ;
Mais fi-toft qu'il eut efté infpiré,
il y eut alors deux vies en l'homme ; l'vne produite de la terre, qui
luy fut commune auec toutes
fortes d'animaux, & l'autre infpi-
rée, qui luy fut propre & particuliere à luy feul.

De la diuerfité de ces deux vies
dans vn mefme fujet, eft procedé cette fedition, qui eft entr'elles fi bien exprimée dans S. Paul,
quand il a dit : *Sentio legem aliam*

E ij

in membris meis , repugnantem legi
mentis meæ, captiuum me ducentem.

Et d'autant que ce combat se
peut encore mieux représenter
en l'homme imparfait qu'en saint
Paul, qui estoit vn Vaisseau d'élection, il n'y a pas vn seul de nous
qui ne puisse auec plus de raison
s'appliquer ces paroles de saint
Paul, & dire auec luy, *Sentio*, qui
signifie, j'apperçoy. Nostre langue l'a traduit tres-improprement
par *Ie sens ;* l'Italienne en a trouué la vraye signification, qui pour
dire, ie m'en suis apperceu, se sert
de ce terme, *Sentito*, pour tesmoigner que l'Apostre n'a pas entendu que la passion se formast
en l'homme superieur, qui est representé par cette particule, *Ie*,
qui veut dire, *moy.* Il dit en suite

que ce fentiment s'eft fait en fes
membres; auffi eft-ce en eux que
fe fait fentir la concupifcence des
yeux & de la chair, de laquelle
naiffent les mauuais defirs, la
gourmandife, la diffolution auec
les femmes, la colere & la haine
contre ceux qui nous troublent
en la jouiffance de nos plaifirs;
& finalement la crainte d'en eftre
priuez; toutes lefquelles paffions
regnent en nous auec vne telle
autorité, que pour la mieux exprimer l'Apoftre fe fert de ce mot
de Loy, comme fi elles auoient
vne puiffance abfoluë de commander, & que le corps fuft reduit en la neceffité d'obeïr à ce
commandement. Les maladies,
les langueurs, les laffitudes, les
abcez que nos membres fouf-

frent pour auoir obey à cette Loy,
tefmoignent qu'elle ne nous eft
pas naturelle. Auffi eft-ce pour
cette raifon que l'Apoftre ne fe
contente pas de l'appeller, *legem
aliam*, qui veut dire vne loy eftran-
gere ; il y adjoufte, *repugnantem
legi mentis meæ*, pour faire voir
qu'il y a vne autre loy legitime,
qui eft celle de l'entendement, &
que la premiere n'eft qu'vne loy
baftarde & feditieufe, qui veut
exciter vne rebellion contre la
partie fuperieure qui doit eftre la
maiftreffe, & auoir felon nature
tout droit de fouueraineté fur
l'inferieure ; parce qu'en effet la
vraye effence de l'homme ne
confifte qu'en la partie, qui eft
regie par l'entendement. Mais
voicy d'où procede l'vfurpation

de cette loy seditieuse & rebelle; à sçauoir, que s'estant incarnée dans les membres de l'homme, auant que la raison luy soit venuë, elle veut, comme son aisnée, estre la maistresse, & se maintenir en ses droits; à quoy il semble que nous donnions en quelque sorte nostre consentement, en ce que l'Apostre se sert de ce mot, *ducentem*, qui tesmoigne qu'elle nous meine de nostre bon gré, sans que nous fassions de resistance, & de cette particule *me*, qui designe l'homme superieur, qui de libre qu'il estoit, deuient volontairement esclaue de toutes ses cupiditez.

S'il est donc vray qu'il y ait deux vies en l'homme, & qu'il fait l'experience à toute heure en soy-

mefme de la difficulté qu'il y a
d'eftablir vne bonne police entre
l'efprit & le corps, qui font les
deux parties defquelles il eft compofé, il faut croire qu'il fera beaucoup plus difficile encore de concilier fous vn mefme deuoir vn
eftat, qui eft vne focieté d'hommes finguliers, entre lefquels il
n'y en a pas vn feul qui ne foit diffemblable de l'autre de tempera-
ment & de conftitution ; ce qui
paroift en la difference de la forme exterieure d'vn chacun de
nous, laquelle ne procede que de
l'interieure, qui comme la maiftreffe, caufe toutes ces diuerfi-
tez. C'eft pourquoy auant que
d'eftre capable de la vie ciuile, il
faut eftre inftruit des moyens d'al-
lier fi bien la partie inferieure de

l'homme auec la superieure, qu'il
ne se fasse point entr'elles aucune
sorte de sedition. Quand ces deux
parties seront conciliées ensemble selon les enseignèmens que
j'en ay donnez dans mes Conseils
fidelles, alors il sera fort aisé de
rendre sociable tout homme sin-
gulier, & de luy apprendre à viure
en communauté.

I'ay tout sujet de craindre que
tout ce que j'ay dit cy-dessus ne
soit qu'vn phantosme formé de
l'agitation de ma pensée, qui n'ait
rien de plus essentiel que toutes
ces chimeres, qui se voyent dans
les nuës, ausquelles nous trouuons telle ressemblance qu'il nous
plaist, quoy qu'en effet ce ne soit
qu'vne vapeur vague & sans con-
sistance, qui n'a en soy nulle au-

tre forme que celle que noſtre
imagination luy veut donner.
Mais certes, quand il eſt queſtion
de poſer vn fondement qui ſoit
ferme dans les abyſmes de la nature, on eſt en quelque ſorte ex-
cuſable, ſi pour aſſoler cette profondeur on y jette beaucoup de
choſes qu'on ſe repreſente y pouuoir ſeruir de rempliſſage pour
ayder à donner quelque aſſiette à
ſon trauail.

Ce n'eſt pas que ie ne me ſois
employé tout autant que ie l'ay
pû, pour colliger dans le grand
monde, & dans le petit, qui eſt
l'homme, toutes les raiſons que
j'ay crû pouuoir ſeruir à mon deſſein, n'ignorant pas que toute
opinion, qui n'eſt point appuyée
puiſſamment, n'eſt rien autre

chofe que le fonge, ou la refuerie
d'vn homme qui eft efueillé. I'y
ay trauaillé auec vn tel effort d'efprit, que ie me fuis quelquefois
apperceu qu'en voulant efleuer
mon entendement au deffus de
fes forces, peu s'en eft fallu, ie l'ad-
uouë, qu'il ne fe foit efgaré dans
ces abyfmes.

Ainfi ayant efté plus efbloüy
qu'efclairé en cette recherche,
j'ay befoin qu'on aye quelque indulgence pour moy, fi la matiere
que ie viens de traiter n'a pas la
netteté qu'elle deuroit auoir.

Quoy qu'il en foit, il eft tres-
conftant qu'il n'y a point aucune
forme de police plus accomplie,
que celle qui eft reduite fous l'autorité d'vn feul Commandant,
d'autant que du gouuernement

des Grands, & de celuy du peuple, dont l'vnité n'eſt pas ſi ſimple
ny ſi recueillie en ſoy, que l'eſt
celle de la Monarchie, elle peut
tomber plus aiſément dans vne
confuſion deſordonnée, & alors
elle eſt plus eſloignée de l'vnité,
qui luy donne ſon eſtre & ſa forme, & par conſequent plus eſloignée de ſon bien.

CHAPITRE IV.

DE LA FAMILLE. DE SA
definition. Celles d'Ariftote & de Bodin re-
jettées, & pourquoy.

L'AYDE mutuel eft le fondement de toute focieté. La premiere, qui s'eft faite en l'homme
eft celle de l'ame & du corps, en
laquelle l'ame donne au corps le
mouuement & la vie, & le corps
fert à l'ame de fuppoft, pour y déf-
ployer toutes fes puiffances & toutes fes fonctions. En la feconde
focieté, qui eft celle de l'homme
auec la femme, la femme luy fut
donnée pour fa compagne auant
fon peché: Quand elle eut le commandement de feruir à l'homme,
l'homme l'eut en mefme temps
de quitter tout pour elle, & de ne

rompre jamais cette liaifon ; ce
qui monftre que nonobftant fa
maiftrife, il n'eft point quitte de
fon deuoir mutuel enuers elle. Or
comme la premiere focieté, qui
eft celle de l'ame & du corps, ne
confiftoit qu'en vn feul fuppoft ;
& que la feconde, qui eftoit celle
de l'homme & de la femme, n'euft
pas fubfifté long-temps s'ils n'euffent eu de leur Createur le commandement & la puiffance de
croiftre & de fe multiplier, ce fut
alors qu'en vertu de ce commandement il fe fit vne troifiefme focieté du pere, de la mere, & de
l'enfant, à la naiffance duquel fe
fit voir également la neceffité du
fecours mutuel, l'enfant ayant eu
befoin du laict de fa mere pour
viure, & la mere befoin d'eftre

tettée de son enfant, pour estre
soulagée de l'abondance de son
laict.

De ces trois personnes, du pere, de la mere, & de l'enfant, a esté
composé la premiere famille, en
laquelle sous l'vnité d'vne loy, qui
leur fut commune & naturelle à
tous, qui est celle du deuoir mutuel, & sous le respect du pere, qui
doit commander seul, & de la
mere & de l'enfant, qui luy doiuent obeïr, pour le bien commun
de tous, nous est representé le
modelle sur lequel tout Estat,
quelque grand qu'il soit, doit
estre formé, pour estre accomply
en toutes ses parties.

Aristote, qui de tous les anciens
a traité de la Politique auec le
plus de methode, prenant le con-

tenant pour le contenu, a definy
la famille fous le nom de la maifon, à laquelle il donne pour partie, le pere, la mere, les enfans, le
maiftre, le feruiteur, & la poffeffion, qui eft pluftoft vn dénombrement des chofes qui font neceffaires dans vne famille accreuë,
que la definition d'vne famille
naiffante, comme le fut celle de
nos premiers peres.

Il eft certain qu'en examinant
cette definition, ie ne puis comprendre comme quoy vn fi grand
efprit a voulu que la maifon fuft
la premiere en ordre dans la famille, attendu qu'il y a eu, & qu'il
y a encore des Nations toutes en-
tieres qui font diuifées par familles, fans auoir de maifon pour fe
retirer : ny comprendre auffi
comme

comme quoy il se peut faire que
le maistre & le seruiteur en fussent vne autre partie, veu qu'en y
adjoustant vn maistre, c'est luy
donner deux chefs au lieu d'vn.
Ainsi cette definition est defectueuse au premier article, qui est
celle de la maison ; & defectueuse
encore en ce qui est du pere, ne
pouuant y auoir eu d'autres maistres que luy dans les premieres familles, ny d'autres seruiteurs que
ses enfans, comme il s'est veu en
celle d'Adam & d'Eue, en laquelle
l'vn d'eux fut Laboureur & l'autre
Pasteur, qui sont deux fonctions
ausquelles consiste le principal
seruice d'vne famille.

Le mesme Auteur dit aussi qu'il
y a deux sortes de seruiteurs. Que
les vns le sont de nature, & les au-

F

tout. Selon cette definition, il a
fallu que la premiere focieté qui
s'eft faite du premier homme &
de la premiere femme n'euft pû
eftre appellée vne famille, ou vn
mefnage, fi auparauant elle n'euft
efté remplie de trois enfans pour
accomplir le Nombre de cinq.
Opinion qui merite d'eftre rejet-
tée, puifque felon la loy de la raifon commune, qui eft la reigle la
plus certaine, il paroift que la famille, compofée fimplement du
pere, de la mere, & d'vn feul enfant, qui font fes premiers & fes
plus fimples elements, contient
en foy toutes les conditions que
doit auoir non feulement vne famille, mais vne Monarchie, en laquelle le Prince eft obligé, comme le fubjet, d'eftre foûmis à la loy

commune de son Eftat, de la mefme forte que le font le pere, la
mere & les enfans à la loy commune à toute la famille, qui eft
celle du deuoir & de l'ayde mutuel.

Quand la premiere Mere fut
en couche, & le premier enfant au
maillot, eft-il pas vray que fi le pere euft voulu fe difpenfer alors de
la loy du deuoir mutuel, & que s'il
n'euft point mis la main à l'œuure
pour nourrir & feruir la mere &
l'enfant, il n'y euft bien-toft plus
eu de nourrice ny de nourriffon?
Eft-il pas vray auffi que quand la
mere n'eft plus en couche, & que
l'enfant eft deuenu grand , fi le
pere n'eftoit alors affifté de l'vn
& de l'autre il pafferoit mal fon
temps ? Nous auons encore vn

exemple de la neceſſité de ce deuoir entre celuy qui commande
& celuy qui obeït en la partie ſuperieure de l'homme, qui eſt le
cerueau, lequel en la compreſſion
qu'il ſouffre quelquesfois, qui eſt
vn effet de ſon trauail en faueur
du corps, fait voir qu'il n'eſt pas
moins occuppé pour le bien du
total, que le ſont toutes les autres
parties qui ſont au deſſous de luy.

Il eſt donc tres-conſtant que la
famille conſiſte en ſes premiers &
plus ſimples elements, aux perſonnes du pere, de la mere, & de
l'enfant; dont la ſocieté eſt ſi parfaite, qu'elle repreſente le vray
modele d'vn Eſtat tres-accomply. Il ſe trouue & en l'vn & en
l'autre vne pluralité de perſonnes,
vne loy commune, qui eſt celle de

l'ayde mutuel, vne mesme sujettion à cette loy, vn pouuoir absolu en la personne du pere comme
du Prince, vne obeïssance en la
mere & aux enfans comme aux sujets ; & par consequent il doit y
auoir vne mesme dilection dans
vn Estat entre le Prince & ses sujets, comme elle l'est en la famille
entre le pere & les enfans.

Ie ne puis aussi conuenir auec
Aristote, quand il dit que la famille n'est qu'vn membre particulier
de la Cité, & qu'ainsi, selon nature,
la Cité est auant la famille. Pour le
verifier il soustient que le tout est
toûjours auant sa partie, & que le
pied & la main estant separez du
corps, qui est leur tout, ne sont
rien ; ce que ie ne conteste point.
Mais de maintenir que la famille

F iiij

soit vne partie de la Cité, & que
par conſequent elle ſoit la derniere
re en ordre, c'eſt vouloir que le
ruiſſeau ſoit auant la ſource. La
famille n'eſt point vne partie ſin-
guliere d'vn tout , mais elle eſt
pluſtoſt vn tout parfait, lequel en
ſon progrés, de famille en famille, produit vne Cité, comme l'vnité produit par ſon redoublement
vne multitude d'vnitez qui ſe ter-
mine par vne autre vnité qui les
embraſſe toutes. Elle eſt ſi accomplie en ſoy, qu'elle ſert de principe à toute ſorte de gouuernement, qui eſt plus ou moins parfait, ſelon qu'il ſe trouue plus ou
moins conforme à celuy de la famille. Cela ſe reconnoiſt à la diſ-
ſipation des Eſtats, dont la premiere deſvnion ſe fait par Pro-

uinces, qui eft fuiuie d'vne ligue,
& d'vn cantonnement de quelques Villes enfemble, & de quelques villages, jufques à ce qu'on
foit reduit à la famille, laquelle
eftant le principe & l'origine de
toute focieté, malgré ce débris
public, fe maintient encore fans
fe diffiper, fous la loy du deuoir
mutuel, duquel il ne refte plus aucun veftige dans toutes les autres
focietez.

Ie ne defauouë point qu'vn
chacun de nous ne foit vne partie
d'vn Eftat ; mais auant que de
l'eftre d'vn Eftat, nous le fommes
d'vne famille, qui comme le premier cercle qui fe fait en l'eau,
produit vn autre cercle, & cét autre vn autre plus grand à la verité,
mais moins parfait que le pre-

mier, en ce que ſes parties s'affoi-
bliſſent & ſe deſvniſſent en leur
extenſion. Il en eſt ainſi de la famille, qui eſt mieux vne & receüil-
lie en ſoy, que ne l'eſt vn village
qu'elle a produit en ſe multipliant; & le village mieux vny que
ne l'eſt vne Cité, & ainſi ſucceſſiuement du reſte.

CHAPITRE V.

COMME QVOY LE MONDE se peupla. De la confusion des premiers siecles, auant le Deluge & apres. Et comme se formerent les premieres Polices.

COMME la famille est vne societé du pere, de la mere, & des enfans, viuant en commun sous vn mesme toict; ainsi le premier village fut vne aggregation de plusieurs familles d'vn mesme sang, associées en vn mesme lieu pour leur vtilité commune. Et voicy quelle en a esté l'origine.

La premiere famille s'estant accreuë de plusieurs generations, les enfans qui en sortirent, masles & femelles, se trouuerent incommodez de demeurer tous ensemble; ce qui les obligea, chacun

ayant pris fa femme, de fe fepa-
rer, de fe baftir, & de fe mettre en
poffeffion, de proche en proche,
felon le rang du fang, d'autant de
terre qu'il leur en falloit pour viure, & pour eftre voifins entr'eux
d'habitation, comme de paren-
té. Par ce moyen il fe fit comme d'vne feule tige plufieurs ra-
meaux ; d'vne feule maifon plufieurs familles complettes, lefquelles ayant fait bande & leur
logement à part, compoferent
d'vne feule lignée vn village qui
fut commun à tous, fur lequel
l'ayeul, comme le plus vieux, &
apres luy, par vn droit fucceffif, le
plus ancien conferua felon nature, la mefme autorité que le pere
auoit en fa famille.

De ce premier village, compofé

de diuerſes familles , qui furent
toutes d'vn meſme ſang , & d'vn
meſme laict, ſe firent autant d'autres villages qu'il y eut de familles
au premier : Parce que chaque famille, pour ſe deſcharger du nombre de ſes enfans, ſe veid, comme
la premiere, en la meſme neceſſité de faire vne ſeconde peupla-
de de villages, dans leſquels, comme dans la famille, le plus ancien
fuſt le commandant, pour maintenir entr'eux quelque ſocieté.
Mais il arriua qu'ayant eſté ſucceſſiuement contraints d'occupper plus de terrein pour la commodité de leur habitation, l'office
mutuel qui ſe rendoit encore en
chaque famille, & en chaque village, ne pût alors ſe continuer à
toute la communauté, à cauſe de

leur efloignement ; & par ce
moyen leur vnion, qui s'eftoit
conferuée tandis qu'ils eftoient
proches les vns des autres, commença à fe relafcher vn peu, & la
chaleur du fang à fe refroidir, à
mefure qu'elle s'efloigna de fa
fource.

Il eft certain toutesfois que la
confanguinité entretint encore
quelque confederation entre tous
ces premiers villages; mais quand
il s'en fit d'autres de ceux-là, tous
ceux qui eftoient parens auparauant, fe trouuerent fimplement
alliez ; & alors la bien-veillance
mutuelle s'affoiblit infenfiblement entr'eux comme fit le cou-
finage. De ces alliez, quand ils
eurent beaucoup multiplié, fe firent en fuitte les voifins, des voi-

fins les compatriotes, & des compatriotes, apres vne longue exten-
fion de generations & de terrein,
il fe fit des eftrangers, qui decline-
rent finalement en cette grande
inondation d'hommes , laquelle
eftant refpanduë fur toute la terre, toutes chofes tomberent dans
vne telle confufion, qu'on ne reconnut plus aucuns veftiges de
leur premiere focieté, ny aucune
chaleur de leur premier fang.
Alors le plus fort prit la femme
& le bien du plus foible, & fe l'af-
feruit; & au lieu de l'ayde mutuel,
qui fe rendoit au commencement, ce ne fut plus qu'vne op-
preffion mutuelle. De là nafqui-
rent les Geants , que l'Efcriture
appelle les Fils de la terre. De là
s'alluma l'ire de Dieu contre

l'homme. De là fon repentir de l'auoir fait; & le Deluge en fuitte, qui fubmergea tout, à la referue de la famille de Noé, & de ce qui fe fauua dedans l'Arche.

Quand ie confidere dans l'Efcriture, quels ont efté les deportemens des premiers hommes, depuis la creation du monde jufques au Deluge, ie n'y trouue aucune forme de famille, de village, de Cité, d'Eftat, ny aucune focieté reglée, qu'en la feule famille de Noé : En celle d'Adam l'vn des freres tua l'autre : En celle de Caïn, l'Efcriture nous apprend qu'il edifia vne Cité, qu'il nomma du nom de fon premier fils. Il n'y a point de Cité fans citadins. Sa famille eftoit petite alors; ce qui fait prefumer que ce mot de Cité

Cité se doit entendre simplement
d'vne maison. En cette famille de
Caïn, sa descente ne vient qu'au
premier Lamech, qui fut plus violent encore que son pere. En la
famille de Seth, qui nasquit à A-
dam pour remplacer son fils Abel,
l'Escriture fait le dénombrement
de quelques generations, entre
lesquelles il n'y eut que la famille d'Enoch qui marcha selon
Dieu, & celle de Noé, duquel elle
rend aussi ce tesmoignage, qu'il
fut homme juste & entier; & en
cette consideration il fut reserué
de Dieu, & ses enfans, pour la re-
stauration du genre humain apres
le Deluge; parce que hors eux,
dit l'Escriture, toute chair auoit
corrompu sa voye dessus la face
de la terre.

G

Ainſi ie ne voy point que ce que
j'ay dit de la bonne intelligence,
qui fut en la premiere famille, ſe
puiſſe approprier aux premiers
hommes, qui peut-eſtre demeure-
rent inſociables entr'eux par la
contagion de la premiere deſo-
beïſſance qui fut faite à Dieu; mais
cette bonne intelligence ſe peut
beaucoup mieux appliquer à la
famille de Noé, qui n'euſt point
trouué grace deuant Dieu, s'il n'y
euſt eu vne tres-parfaite vnion entre le pere, la mere & leurs trois
enfans. De ces trois enfans, qui
furent Sem, Cam & Iaphet, & du
pere, qui veſcut encore trois cents
cinquante ans apres le Deluge, ſe
repeupla toute la terre, diſent les
ſaintes Lettres; Ce qui ne ſe pût
faire que par familles, premiere-

ment par villages, en luitte de proche en proche, & finalement par Citez.

Cette reduction en societé se pût faire alors auec plus de facilité qu'apres la premiere creation de l'homme; parce que Noé, qui auoit vescu six cents ans, & ses enfans cent ans auant le Deluge, apres auoir experimenté l'ire de Dieu, firent connoistre à leur posterité que l'injustice & l'oppression du fort sur le foible, l'auoit attirée sur les premiers hommes, & que pour l'éuiter à l'aduenir, il falloit s'entr'aymer & s'entr'ayder au lieu de se faire injure; ce qui fut assez facile à leur persuader, parce que le desbris du naufrage vniuersel paroissoit encore en beaucoup de lieux sur la terre.

Ainſi les hommes voyant que leur
conſanguinité s'affoibliſſoit en ſe
multipliant, jugerent, pour leur
vtilité commune, qu'au defaut de
ſang il ſe falloit rapprocher par
de nouuelles ſocietez. Ils joigni-
rent donc pluſieurs familles enſemble, dont le nombre euſt eſté
confuſément à l'infiny, ſi la nature, qui ne ſouffre point ce progrés, ne leur euſt enſeigné, que
comme la premiere famille des
enfans de Noé auoit eſté reduite
ſous vn Chef qui eſtoit leur pere,
il falloit auſſi reduire la pluralité des familles ſous le commandement de pluſieurs Chefs, qui
auroient en chaque village la meſme autorité que le pere l'auoit
euë en ſa famille. De cét aſſem-
blage de familles ſe forma pre-

mierement l'Eftat populaire, auquel fucceda celuy des Grands,
compofé de plufieurs chefs de familles. Et finalement quand plufieurs Villés fe furent reünies enfemble pour leur vtilité commune, elles fe trouuerent en la neceffité de s'affujettir fous la puiffance d'vn feul Commandant, qui
eft le gouuernement de tous le
plus parfait, & le plus felon nature, parce qu'il reprefente en
quelque façon le gouuernement
du monde fous l'vnité feule de
Dieu.

Or comme toute la terre, veu
fa grandeur, ne pouuoit eftre foûmife fous vne feule perfonne, il fe
fit plufieurs Eftats, & de diuerfes
formes en mefme temps, dont la
mer, les deferts, les hautes mon-

tagnes, les grandes forefts, les
fleuues, & la diuerfité de langage
firent la premiere feparation; mais
ces premieres bornes, quoy que
fixes, ont efté fouuent changées
par la viciffitude où les chofes naturelles font fujettes, qui n'ont
rien en elles de plus conftant que
leur reuolution. Ie conjecture que
la premiere forme de gouuernement fut populaire ; parce que
cette tumultueufe foule de familles, dont la terre fut remplie peu à
peu, s'eftant fort accreuë, chaque
pere de famille, qui regnoit abfo-
luëment chez foy, ne pouuant, de
fon bon gré, fe defpoüiller de fon
autorité priuée pour la transferer
en la perfonne d'vn autre, jugea
que le gouuernement populaire
feroit le meilleur; mais depuis,

comme on eut reconnu la petulance de la multitude, les factions
où elle eftoit fujette, & qu'auant
qu'on euft pris quelque refolution fur ce qui regardoit le bien
ou le mal de la communauté, on
fe trouuoit encore à peu prés dans
la mefme confufion que l'on s'e-
ftoit propofé d'éuiter. Il fut donc
alors vray-femblablement arrefté
d'vn commun aduis, qu'on fup-
primeroit le gouuernement populaire, comme trop confus, &
qu'on remettroit entre les mains
de quelques particuliers, du nom-
bredefquels on s'accorderoit, toute l'autorité pour donner la loy
conjointement au refte du peuple, foit en general ou en particulier. Cette election fe fit de
ceux qui par vn jugement public

G iiij

furent eftimez les meilleurs & les
plus fages peres de familles, fur
la creance qu'on eut que du bon
gouuernement d'vne famille, ou
d'vne communauté, il n'y auoit
difference que du plus au moins.
Mais l'experience ayant fait voir,
que tel eft bon pere de famille qui
n'eft pas bon Confeiller d'Eftat,
& que cette forme de gouuernement eftant vne fois deprauée,
tous ceux qui commandoient
eftoient autant de tyrans, on reconnut finalement que comme,
felon nature, le corps eftoit foûmis à l'ame feule, la femme au
mary feul, les enfans au pere feulement, qui furent les premieres
focietez, que felon nature auffi
toute Police, pour eftre bien gou-
uernée, ne deuoit eftre affujettie

que fous la puiffance d'vn feul.

Il n'y a point de preuue plus
euidente que cét ordre-là s'eft tenu dans l'eftabliffement des premieres Monarchies, que leur
retrogradation par les mefmes
voyes, quand leur diffolution fe
fait. Car on les voit premierement
fe démembrer par Prouinces, de
deffous l'autorité d'vn feul, pour
paffer fous la puiffance de plufieurs, & de là reuenir infenfiblement fous celle du peuple, d'où
toutes chofes retombent enfin
dans la mefme confufion où elles
eftoient, auant que d'auoir efté
mifes en ordre.

❀❀❀❀❀❀❀❀❀❀❀❀❀❀❀❀❀❀

CHAPITRE VI.

COMME QVOY VRAY-SEMBLA-
blement s'est faite la premiere election du
Prince. Et comme se firent les defenses de
l'Homicide, de l'Adultere, du Larcin, & du
Faux-tesmoignage.

IL est assez difficile de descouurir comme quoy s'est faite la
plus accomplie forme de gouuernement, qui est celle de la Monarchie; car de s'imaginer que la
violence luy ait donné son premier commencement, comme
quelques-vns l'ont escrit, il n'est
pas vray-semblable qu'vn homme
seul eust eu le pouuoir, non seulement d'vsurper, mais de maintenir vne puissance absoluë sur
vne multitude, si elle ne luy eust
esté conferée par vn consente-

ment public; & moins vray-semblable encore, que la prudence
de quelques Sages ait fait le premier ralliement des hommes ef-
pars çà & là, comme des Sauuages, pour les reduire à la vie ciuile.
La parole, qui eſt l'inſtrument de
la ſocieté, leur euſt eſté donnée
en vain, s'ils n'y euſſent point eſté
naturellement diſpoſez. L'homme, ſelon ſon inſtinct, s'eſt appro-
ché de l'homme comme de ſon
ſemblable, & s'eſt inſenſiblement
habitué dans la famille à obeïr à
ſes parens, & à commander à ſes
enfans ; autrement on n'auroit
jamais pû dompter ſa volonté, ſi
elle fuſt demeurée tout à fait in-
culte & ſauuage en ſon enfance ;
attendu que la bonne education,
le bon exemple, les loix, le cha-

ftiment, & la recompenfe, ont
bien de la peine à la retenir en fon
deuoir.

S'il eft permis d'opiner fur ce
fujet à vne perfonne priuée, qui
n'a point d'autre Bibliotheque
que le grand Liure du monde,
qui luy eft ouuert il y a foixante &
dix-huit ans ; j'oferay dire que j'ay
quelque idée comme quoy s'eft
pû faire la premiere election du
Prince, fondé qu'en la furprife de
quelque grand peril qu'on croit
inéuitable , fur ce que j'ay veu
fouuent arriuer dans la guerre, ou
dans la furprife de quelque grand
peril, celuy qui, fans eftre efton-
né, fe prefente hardiment le premier pour y remedier, comme s'il
en auoit les moyens en main, vfurpe, fuft-il le dernier, dés l'inftant

mefme toute l'autorité fans con-
tredit ; parce que la loy du falut
commun d'vn chacun, eft toûjours celle qui predomine, & la
plus abfoluë de toutes les loix.

Ainfi durant la confufion d'vn
nombre infiny de plufieurs familles, lefquelles s'eftant multipliées
de la premiere, & ayant perdu par
vne longue fuitte de generations,
l'vfage du refpect & de l'ancienne
deference qu'on a accouftumé de
porter aux plus vieux, il fut tout
à fait impoffible qu'il ne fe fift
entr'eux quelque violence refpe-
ctiue, foit en leur perfonne, foit
en leur famille, ou en leurs biens,
à laquelle il n'y auoit point d'autre remede qu'vne contre-violen-
ce, qui mettoit tout en confufion,
chacun fe fortifiant de fon amy,

ou de ſon voiſin pour ſa defenſe.

Ce fut donc alors que dans vn pareil deſordre, quelque homme plus ſage & plus intelligent que les autres ayant reconnu la ſource du mal, & les moyens qu'il auoit pour y remedier, ſe preſenta pour cét effet; & que ſur le beſoin commun qu'on en eut, il ſe concilia la creance d'vn chacun, l'intereſt particulier eſtant deuenu public en ce rencontre.

Car de s'imaginer que la nomination d'vn Commandant ait eſté remiſe au ſort, ou aux ſuffrages d'vne multitude, l'vne de ces voyes eſt trop aueugle, & l'autre trop expoſée à la corruption pour en reüſſir vn bon effet. Mais plûtoſt comme le feu prend ſa place de luy-meſme au deſſus de l'air,

& l'air la sienne au dessus de la terre & de l'eau, chacun de ces elemens s'entre-cedant le lieu qu'il
doit naturellement occupper. La
mesme chose se fit quand il fut
question de remplir cette premiere place: ceux qui ne se jugerent
point capables de cét honneur
s'en estant donnez à eux-mesmes
successiuement l'exclusion, jusques à ce que quelqu'vn d'entre
eux, plus intelligent que les autres, ayant pressenti dans soy-mesme qu'il en auoit la capacité, eut
l'audace de se presenter pour tenir ce premier rang, qui luy fut
cedé volontairement d'vn chacun, sur l'esperance qu'il donnoit
à tous d'vne seureté publique, &
de maintenir le foible contre le
plus fort; & sur tout parce qu'on

voyoit qu'vn nombre infiny de familles confuſes, qui n'eſtoit qu'vn
monſtre à pluſieurs teſtes, ſans
auoir de corps formé, ſe reduiſoit
en ce faiſant, comme vne ſeule famille ſous la direction d'vn ſeul
homme, qui eſtoit preſt de faire voir qu'il auoit en main les
moyens de faire vne parfaite reünion de toutes ces parties diſlo-
quées, ſous vn Chef.

Cét homme ſage ayant reconnu que la perfection de toute ſocieté conſiſtoit dans vn ſeul principe, qui eſt de ſe mettre toûjours
en la place d'autruy, & de le meſurer par ſoy-meſme, fit aſſembler
tout le peuple, & luy repreſenta
que tous les hommes ſont fiers,
& tous ſemblables les vns aux autres; & que s'il y auoit quelqu'vn
d'eux

d'eux qui fuſt preſentement le
plus fort, il pouuoit tomber ma-
lade & vieillir, & par ce moyen
deuenir le plus foible à ſon tour;
& qu'ainſi eſtant tous eſgaux, il
n'y auoit aucun d'eux qui peuſt,
ſelon les loix de la nature, auoir le
droit de faire quelque violence à
l'autre. Et comme il n'y en a point
de plus grande que celle d'oſter
la vie à l'homme, ny d'appetit qui
ſoit plus violent en luy que celuy
de la conſeruer, vn chacun fut en-
quis en ſon particulier s'il ne ſeroit pas à propos de faire vne defenſe d'attenter à la vie d'autruy:
de laquelle choſe il fut aſſez aiſé
de conuenir, en ce que chaque
particulier trouuoit en cette defenſe la ſeureté de ſa perſonne &
de ſa vie.

H

Et d'autant que l'homme ne
pouuoit pas tousjours viure, &
qu'il auoit vn moyen de se perpetuer en sa posterité, en conseruant
l'innocence de la premiere societé de nature, qui est celle de la
femme & du mary, on conuint aisément aussi qu'on ne soüilleroit
point la pureté du lict nuptial; &
qu'il seroit defendu de commettre aucun adultere, afin de n'estre
pas exposé soy-mesme à ce mesme
inconuenient.

Cela fait, on reconnut qu'il
estoit impossible de prolonger sa
vie, ny celle de ses enfans, si on
ne joüissoit paisiblement de son
bien, sans estre troublé dans la recolte des fruicts qu'on auroit cul-
tiuez, qui sont les moyens de viure; qu'ainsi il seroit juste que

chacun se contentaft du sien, &
de ce que son induftrie & son trauail luy auroient acquis, sans mettre la main au bien d'autruy. Ce
qui fut trouué si conforme à nature, & à la seureté publique,
qu'vn chacun se soûmit volontairement à cette loy. Mais parce
que la verité de la parole eft le
nœud de toute societé, & que la
preuue de la tranfgreffion de toutes ces defenfes ne se pouuoit faire que par tefmoins, au defaut
defquels le tranfgreffeur demeu-
reroit souuent impuny, on fut
d'aduis d'en adjoufter encore vne
quatriefme, qui fut de ne point
porter de faux tefmoignage, soit
qu'il fuft queftion d'accufer, ou
d'excufer quelqu'vn de ces crimes.

H ij

Ces quatre defenses de ne point tuer, de ne point commettre d'adultere, de ne point desrober, & de ne porter point de faux tesmoignage, ont esté comme quatre grandes sources, d'où sont deriuées toutes nos Loix morales & politiques, lesquelles ayant eu la Nature pour leur commune nourrice, sont plus ou moins justes, selon qu'elles approchent plus ou moins de la pureté de leur source, Leur vsage & leur application nous est si necessaire pour la seureté publique, qu'elles meritent bien que ie fasse voir plus exactement dans le Chapitre suiuant le besoin que nous en auons.

CHAPITRE VII.

QVE CES QVATRE PREMIERES defenſes ſont toutes conformes à Nature. De la neceſſité de leur obſeruation: Et quelles ont eſté les premieres peines.

POvr traiter donc vn peu plus exactement cette matiere, il faut remarquer que la famille, qui conſiſte au mary, en la femme, aux enfans, & au reuenu de leur bien, ne pouuoit receuoir de dommage qu'en l'vne de ces choſes-là, & qu'eſtant toutes compoſées de ces meſmes parties, elles auoient toutes vn meſme intereſt de ſalut; & qu'ainſi le ſeul moyen de maintenir la paix entre elles, eſtoit de conuenir d'vne loy qui fuſt commune à tous; & que cette loy fuſt de ne point faire à

H iij

autruy ce que nous ne voudrions
point nous eſtre fait. Conuention
qui eſt abſoluëment ſelon nature,
qui ne nous donne point de droit
les vns ſur les autres, eſtant tous
eſgaux.

Or comme le premier appetit
de l'homme, qui eſt de conſeruer
ſon eſtre, eſt ſon premier bien,
l'homicide qui le deſtruit, par
conſequent doit eſtre ſon premier mal. Ainſi le bien eſtant
l'objet de la volonté, & le mal ſon
auerſion, il ne fut pas difficile de
conuenir de cette premiere defenſe, de ne point tuer ; parce que
tout homicide briſe premierement en l'homme la reſſemblance de Dieu, il briſe la ſienne propre, il rompt la ſocieté de l'ame
& du corps, qui eſt ce Mariage

myſtique de l'Eſcriture, dont le
diuorce eſt ſi expreſſément defendu. Enfin en ce ſeul crime, il
n'oſte pas ſeulement la vie à celuy qu'il tuë, mais il oſte cette
meſme vie à ſon pere, à ſa mere, à
ſa femme, à ſes enfans, à ſes freres,
à ſes ſœurs, à ſes amis, & à l'Eſtat.
Et ce qui eſt encore autant conſiderable, c'eſt qu'en faiſant cét
outrage en la famille d'autruy, il
donne l'exemple de commettre
dans la ſienne vn crime que Dieu
a eſtimé eſtre tellement contre
nature, que les ſaintes Lettres
nous apprennent qu'il menaça
de faire mourir ſept fois celuy qui
tuëroit Caïn, quoy que le ſang de
ſon frere, qu'il auoit reſpandu
depuis peu, fuſt encore tout fu-
mant, parce qu'il vouloit qu'il n'y

H iiij

euſt que la Loy ſeule qui euſt la puiſſance d'oſter la vie, & non pas l'homme.

Quand cét article, de ne point tuër, fut arreſté, l'homme ſe veid en quelque ſeureté de ſa vie ; mais comme elle ne luy pouuoit pas eſtre conſeruée pour tousjours, Nature ſubſtitua à ce premier appetit de l'amour de ſon eſtre vn autre deſir, qui fut celuy de ſe perpetuer en ſa poſterité ; ce qui ne ſe pouuoit faire ſeurement, ſi la femme n'eſtoit fidele à ſon mary. En effet les femmes ne pouuoient demeurer en commun aux hommes ſelon Nature ; parce que la diſtinction des familles, qui ſont les premieres parties deſquelles chaque Eſtat eſt compoſé, ne ſe fuſt point faite. Les enfans faits

en falue n'euffent point connu
leurs vrais peres, ny les peres leurs
enfans, & par confequent leur deuoir mutuel, qui eft l'image de
celuy qui doit eftre entre le Prince & le fubjet, auroit ceffé. Le
monde n'auroit efté qu'vne feule
& tumultueufe famille d'hommes
& de femmes viuans tous en confufion, entre lefquels les defor-
dres que caufent ordinairement
ces deux furies enragées, l'incontinence & la jaloufie, n'euffent
point eu de digue à leur impetuo-
fité.

Ce fut donc pourquoy comme
le fecond appetit de nature eft de
fe voir reuiure en fa pofterité, &
que la pureté de la couche eft ab-
foluëment neceffaire pour cét effet, on s'accorda volontiers en-

core d'obeïr à cette feconde Loy
de nature, qui eft de ne point
commettre d'adultere.

Mais en vain aurions-nous eu
ces deux premiers appetits de nature, l'vn de maintenir fon eftre,
& l'autre de reuiure en fes enfans,
fi les moyens de les faire fubfifter
l'vn & l'autre ne nous euffent efté
donnez. Or puis qu'il eft vray que
cét aage doré de Saturne, durant
lequel la terre produifoit d'elle-
mefme dequoy viure fans eftre
cultiuée, n'a efté qu'vne chanfon
des Poëtes anciens, & qu'il a fallu
la labourer pour auoir du grain,
tranfplanter les fauuageons, & les
enter de leurs mefmes greffes
pour les affranchir, & auoir foin
de fon beftail pour en auoir le
croift, le laict & la toifon. Le troi-

siesme appetit de l'homme a deu
consister au soin de conseruer
toutes ces choses, desquelles la
sueur de son visage en trauaillant,
de communes qu'elles estoient
auparauant, luy en auoit transferé la proprieté. Ce fut donc alors
qu'on eut besoin de la troisiesme
Loy de nature, pour luy en asseurer la possession par la defense
qui fut faite de desrober; Loy qui
fut d'autant plus juste, en ce que
la terre, qui estoit encore indiuise
alors, imposoit tacitement par la
defense de toucher à la recolte
d'autruy, la necessité de cultiuer
autant qu'il en falloit à vn chacun
pour se nourrir soy & sa famille;
& bannissoit en ce faisant la fai-
neantise d'entre les hommes, qui
est la peste de toute communauté.

Ainſi ie ne puis comprendre
comme quoy s'eſt pû former cette chimere en la teſte des plus ſages parmy les Anciens, que ces
mots de *tien* & de *mien*, ſont la
cauſe de tous les maux publics.
Veritablement ſi la terre nous
euſt donné tout à ſouhait, & qu'il
n'euſt eſté beſoin pour toutes les
neceſſitez de la vie, que de dire,
bouche que veux-tu, pour les
auoir on ſe pouuoit aiſément paſſer de ces deux mots, *tien* & *mien*;
mais les Dieux nous ayant tout
vendu auec de la peine, comme dit
l'ancien prouerbe, la diuiſion de
mon trauail d'auec le tien, ny du
tien d'auec le mien, qui conſiſtoit
en la culture d'vne terre ingrate
& maudite de la bouche de Dieu,
ne ſe pouuoit faire ſi on nous euſt

ofté l'vfage de ces deux mots, *tien*
& *mien*, lefquels ont fait les premieres limites entre les hommes;
& qui par ce moyen n'ont pas
feulement concilié la paix entre
nous, mais fomenté l'induftrie de
l'homme, en reduifant vn chacun
de nous en la neceffité de trauailler s'il vouloit viure.

Il eft tres-certain que ces trois
Commandemens, de ne point
tuër, de ne point commettre d'a-
dultere, de ne point defrober, furent caufe que l'injuftice qui fe
faifoit ouuertement auant la Loy,
ne fe fit plus qu'en cachette, &
qu'il fallut auoir la preuue du de-
lict pour le chaftier. On aduifa
donc que pour ne tomber pas
dans cét inconuenient de condamner injuftement quelqu'vn

pour vn crime qu'il n'auroit pas
commis, il falloit pour y remedier
adjouster vne quatriesme defense,
qui fut de ne porter point de faux
tesmoignage. Defense qui est conforme à nature, puisque la verité
qu'on desire de nous n'est simplement qu'vne nuë expression d'vne
chose, selon que nous la croyons
estre en effet. Cela estant, il me
semble que de tous les crimes celuy qui merite vn plus rigoureux
chastiment, est le faux tesmoignage; parce que le tesmoin, sans y
estre interessé que de la verité de
sa parole, s'il en vse mal, absout le
meschant ou opprime l'innocent;
& par ce moyen la peine ordon-
née pour la transgression de ces
trois premieres Ordonnances, ne
se pouuoit deuëment appliquer,

fi on n'y euſt encore adjouſté cel-
le-cy, de ne point porter de faux
teſmoignage. Nous auons trois
exemples dans les ſaintes lettres,
qu'auant la loy eſcrite l'homicide, l'adultere & le larcin n'e-
ſtoient point permis. Le premier
exemple fut, quand apres le deluge Dieu dit à Noé, que qui reſ-
pandra le ſang de l'homme en
l'homme, ſon ſang ſera reſpandu.
Le ſecond fut, quand Abimelech
Roy de Gerar, reprocha à Abraham premierement, & depuis à
Iſaac, de ce qu'ils auoient dit, l'vn
que Sara, & l'autre que Rebec-
ca, qui eſtoient leurs femmes,
eſtoient leurs ſœurs, & que peu
s'en eſtoit fallu que luy, ou quelqu'vn du peuple n'euſt couché
auec elles, ce qui euſt attiré ſur

luy, & fur tout fon Royaume, vn
grand peché. Il defendit en fuitte
que perfonne n'euft à les toucher
fur peine de la vie. Le troifiefme
exemple eft de Iofeph, qui fit mettre fa Couppe d'argent dans le fac
de l'vn de fes freres, pour les con-
uaincre de larcin, feignant de les
vouloir faire chaftier comme lar-
rons. Ainfi il paroift que la Loy
de nature non efcrite, & la Loy de
Dieu efcrite, touchant la defenfe
de ces crimes, n'a efté qu'vne mefme Loy.

Que fi quelqu'vn eft en doute
que la defenfe de toutes ces chofes n'aye pas efté tirée des entrailles de Nature, il n'a qu'à confulter les fiennes propres; & fon in-
dignation, contre celuy qu'il void
en eftre le tranfgreffeur; la com-
paffion

paſſion de l'injure qu'il aura yeuë
receuoir, luy fera connoiſtre par
ſon propre reſſentiment, que l'homicide, l'adultere, le vol, & le faux
teſmoignage ſont choſes ſi odieu-
ſes en ſoy, que l'vne d'elles ne
peut eſtré commiſe en autruy,
quelque indifferent qu'il nous
ſoit, qu'vn chacun de nous ne s'en
intereſſe; ce qui fait qu'aux occa-
ſions de punir l'vn de ces crimes,
le plus moderé de nous deuient
vn Preuoſt pour arreſter le criminel, ſans en eſtre ſollicité que
d'vn ſimple mouuement de nature.

La Loy eſcrite, qui contient
ces quatre defenſes, n'eſt qu'vne
expreſſion verbale de celle de nature, dont la voix fut renduë intelligible au peuple Hebrieu par

I

Moyſe, & comme il commença
de prendre ſa miſſion de luy
meſme auant que de l'auoir eu
de Dieu, quand de ſon autorit
propre il s'entremit d'accorder l
differend entre deux de ſes freres
& qu'il tua de ſa main l'Egyptie
qui auoit frappé l'vn d'eux. Ainſ
dans la Loy de nature, celuy qu
déchiffra le premier ces quatr
Ordonnances non eſcrites, apre
qu'il en eut rendu les caractere
intelligibles aux hommes, & leu
eut fait voir la neceſſité de leu
obſeruation, il ne ſe faut pa
eſtonner ſi par vn conſentemen
public ils ſe ſoûmirent volontai
rement à celuy qui le premier leu
donna l'vſage & l'intelligence d
ces Loix.

Quoy que le peuple fuſt conue

nu, de fon bon gré, de viure fous
l'obeïffance de ces quatre Commandemens, neantmoins veu la
contagion de fes premieres habi-
tudes, il ne fe pouuoit pas faire vn
fi fubit changement en luy, qu'il
ne fuft capable de tranfgreffer encore quelqu'vne de ces defenfes.
Il fut donc arrefté pour y remedier, qu'on ordonneroit quelque
peine contre celuy qui en feroit le
tranfgreffeur, & que le pouuoir de
la faire executer feroit remis entre les mains du Legiflateur.

Quoy qu'on nous puiffe dire
de la naiffance des Loix, il eft impoffible que la licence de tout
faire impunément foit venuë à vn
tel excez, qu'il n'y ait eu tousjours
entre les hommes quelque forme de loy peinale pour les conte-

I ij

nir en quelque forte de refpeƈt les
vns pour les autres. Vray-femblablement la premiere & la plus ancienne loy peinale a efté celle du
Talion, qui felon mon fens, a quelque chofe en foy de brutal & de
bien fauuage. Pourquoy vie pour
vie, fi j'ay tué fans le penfer faire?
Pourquoy œil pour œil, & dent
pour dent ? Veritablement fi cét
œil & cette dent fe pouuoient fi
bien remplacer, que l'vn & l'autre peuft eftre employé à l'vfage
de celuy qui a fouffert le dommage il y auroit de la juftice en ce
chaftiment. Si celuy qui m'a fait
perdre vn œil, par colere, ou par
inaduertance, a peché contre nature, ie peche encore plus que luy
contre la mefme nature, fi d'vn
fang froid & raffis, & auec delibe-

ration, ie confens que fon œil, qui
ne me rend point la veuë, luy foit
ofté. Il euft bien mieux vallu com-
penfer le dommage de l'offenfé
par quelque peine dont il euft re-
tiré quelque vtilité. Selon la ri-
gueur de cette mefme Loy, ie dois
auoir la vie du pere de celuy qui
aura tué le mien, & voir foüiller
la pureté du lict de celuy qui aura
corrompu le mien. N'en defplaife
à cette Loy, ce farouche exemple eft plus fcandaleux, qu'il ne
corrige.

La prifon, comme ie croy, eft
felon nature le premier & le plus
jufte chaftiment qui fe pouuoit
ordonner pour maintenir vn chacun en l'obferuation de toutes ces
Loix; parce que comme leur vio-
lement eftoit vn attentat par le-

I iij

quel la focieté publique eftoit of-
fenfée, on ne pouuoit mieux chaftier le criminel, qu'en le priuant
de toute focieté, & en le retran-
chant de fon tout, comme vne
partie gangreinée. En effet, qui
exerceroit contre vn prifonnier
toutes les rigueurs de la prifon ; à
fçauoir de le laiffer feul, fans auoir
qu'autant de lumiere qu'il luy en
faut pour l'efclairer, ny de pain
que ce qui luy fait befoin pour ne
mourir pas, qui luy feroit donné
comme à vn Chartreux, par vn
tour, fans voir vn feul homme,
fans oüir vne feule voix, il feroit
bien incorrigible fi aprés eftre
forty de ce cachot il retomboit en
faute vne feconde fois.

Peut-eftre qu'aprés qu'on eut
reconnu que la prifon laiffoit en-

core quelque esperance de salut à celuy qui estoit conuaincu de plusieurs crimes, & que ce chastiment n'estoit pas assez exposé en veuë pour seruir d'exemple & de correction au public, qui est le fond de toutes les loix peinales, il fut resolu que tout crime qu'on estimeroit capital, seroit puny de mort dans vn lieu public. Il fut alors difficile de trouuer quelqu'vn qui vouluft estre l'executeur de cette sentence; parce que la defense de l'homicide, qui est vn attentat contre Nature sur la vie d'autruy, auoit desja precedé cette condamnation de mort. Toutesfois, pour n'abandonner pas la seureté publique, il fut ordonné que le criminel seroit lapidé, & que la partie la plus interes-

fée en ce chaſtiment jetteroit la
premiere pierre, & le peuple en
ſuitte chacun la ſienne, ſans en
exempter ceux de ſon ſang, afin
que toute la communauté, qui
eſtoit offenſée dans vn crime commis contre le public, en fiſt elle-
meſme vne vengeance publique.
En ce chaſtiment le meſme amas
de pierres qui couuroit le corps
de celuy qui auoit eſté lapidé, ſer-
uoit auſſi de monument contre ſa
memoire pour la faire deteſter.

Finalement les hommes s'eſtant
vn peu plus ciuiliſez, jugerent
qu'il y auoit trop d'inhumanité
d'armer la main du parent contre
ſon parent; ce qui fut cauſe que
la couſtume de lapider, par laquelle vn chacun eſtoit obligé de
jetter ſa pierre ſur le criminel, fut

changée en vne autre eſpece de
mort, de laquelle il y a apparence que quelqu'vn desja coupable de la mort d'vn autre, fut
le premier executeur, pour ſe re-
dimer de la peine de ſon crime;
& par ce moyen la mort du criminel fut la rançon de la vie de celuy qui fut ſon bourreau.

CHAPITRE VIII.

QVE L'INCONTINENCE DES
jeunes gens choque particulierement la defen-
se de l'adultere, & mesme celle de l'homicide;
Mais qu'enfin sa propre laideur, & les maux
qu'elle cause luy seruent ordinairement de
remedes.

LE premier appetit de nature
en chaque chose, est celuy
de conseruer son estre. L'estre de
l'animal consiste en sa vie; parce
qu'il ne peut estre animé qu'il ne
soit viuant, & sa vie ne se peut entretenir que par le secours des
sens, de l'attouchement, du goust,
& de l'odorat, qui luy seruent à
faire l'essay des qualitez tangi-
bles des choses, de leur saueur, &
de leur odeur, pour les employer
à son vsage, ou pour les rejetter,
s'ils ne luy sont propres. Ces trois

premiers sens sont d'vne telle
consequence pour la vie de l'animal, que mesme ils sont incar-
nez auec le fœtus auant sa naif-
sance. L'attouchement se mani-
feste en luy par l'application de la
main sur le ventre de la mere, qui
excite son mouuement. Son gouft
se découure par les maux de cœur
& les appetits extrauagans de la
groffeffe; & son odorat, par la vapeur d'vne lampe, ou d'vne chan-
delle esteinte qui est capable de
le suffoquer.

S'il est besoin d'vne plus grande preuue, l'experience nous apprend que les parties gangreinées
ne sont plus viuantes si-tost qu'elles ont perdu le sens de l'attouchement, & que la croissance &
la nourriture du corps cefferoit,

fi la faculté du gouft, qui excite
l'attraction de l'aliment, eſtoit oi-
ſiue. Pour ce qui eſt de l'odorat, il eſt vray-ſemblable que ſon
action qui ſe reïtere auec noſtre
aſpiration, & noſtre expiration,
eſt eſgalement neceſſaire à la vie,
comme l'eſt la viciſſitude de ces
deux mouuemens. Toutes ces raiſons nous demonſtrent que ces
trois premiers ſens ſont les principaux inſtrumens de la vie de l'a-
nimal; & que l'ouïe & la veuë ne
luy ſont pas abſoluëment neceſſaires pour viure; parce qu'on remarque en pluſieurs ſujets, que
leur priuation n'empeſche pas la
vie, & qu'il y a beaucoup d'animaux qui naiſſent, ſelon nature,
ſourds & aueugles.

Ce n'eſt pas que l'ouïe & la veuë

ne foient les plus nobles de tous
les fens de l'homme; mais d'autant que nous nous feruons de
l'vn & de l'autre en noftre enfance, fans faire qu'vne tres-legere
reflexion fur tout ce que nous
voyons, ou que nous entendons,
& que leur action ne peut eftre
parfaite fans vne forte application
vers leur objet, on peut dire de
nous en ce temps-là, que nous
voyons fans voir, & que nous ef-
coutons fans entendre. Ce defaut
de noftre attention vers fon objet, eft caufe qu'vne partie de nos
efprits, qui doiuent eftre portez
à la veuë & à l'oüie, fe refpandent
fur toutes les autres parties du
corps, de laquelle effufion d'efprits procede cette inquietude &
cette agitation perpetuelle que

nous voyons eſtre inſeparables de
l'enfance.

Il eſt donc conſtant que les ſens
du gouſt & de l'attouchement
ſont les premiers inſtrumens de
la vie, non ſeulement en l'homme, mais en toutes ſortes d'animaux. Or comme il n'y a point
d'appetit qui ſoit plus vehement
en toutes les choſes viuantes que
celuy de la conſeruer, il eſt preſque impoſſible qu'vne jeuneſſe
inconſiderée puiſſe vſer auec mo-
deration des choſes qui luy ſont
neceſſaires pour contenter cét appetit.

De ce principe procede l'inſa-
tiable gourmandiſe des jeunes
gens, qui reueille en eux, en l'âge
de leur puberté, vn autre appetit,
qui eſt celuy du maintien de leur

efpece, lequel a fon fondement
en nature comme le premier,
quoy qu'il foit obfcur, & qu'il
fommeille encore en noftre enfance, jufques à ce que le temps
de le produire en acte foit venu.

Ces deux appetits du maintien
de l'eftre & de l'efpece, dont l'im-
pulfion eft aueugle, quoy que
naturelle, gouuernent imperieu-
fement tout ce qui a vie; mais
parce que l'efpece des chofes qui
eft vniuerfelle, a quelque chofe
de plus noble que leur eftre particulier, cela eft caufe que nous
negligeons fouuent le foin du
dernier pour contenter le premier. Ce mefme appetit de conferuer fon efpece aux defpens de
fon eftre eft également commun
aux beftes, aux plantes, & aux

herbes comme à l'homme, desquelles nous voyons à toute heure le corps, le tronc & la tige se
desseicher, par le defaut de leur
propre substance, qui s'est toute
espuisée pour faire vn effort de se
perpetuer en la fecondité de leurs
fruicts & de leur semence.

Pour entretenir ces deux appetits, du goust & de l'attouchement, la nature a voulu qu'il y eust
en eux quelque meslange de plaisir, de peur que leur action ne
cessast si elle n'estoit irritée par
ce principe ; mais parce que la
volupté qui en prouient est plû-
tost vn faux bien qu'vn bien reel ;
cela est cause que son desgoust se
rencontre en son excez ; ce qui
n'arriue point au vray bien, la
possession duquel, quelque longue

gue & exceſſiue qu'elle ſoit, ne deuient jamais ennuyeuſe.

Quand ie conſidere auec quelle auidité les enfans s'attachent au tetin de leur nourrice, & combien ſont agreables aux jeunes gens les premieres émotions qui leur viennent de leur puberté, ie trouue qu'il ne faut pas s'eſtonner ſi dans vn âge qui eſt encore incapable de diſcernement, ils ne gardent point de meſure en l'accompliſſement de ces deux appetits.

Si d'ailleurs auſſi ie me repreſente toutes les indigeſtions, les dégouſts, les maladies, les langueurs, les obſtructions & les deffaillances que cauſent l'immoderation de ces meſmes appetits, quand ils paſſent licencieuſement de leur vray vſage en leur excez,

K

il me femble que le premier acte
de la raifon de l'homme a deu
commencer en mettant en para-
lelle les maux qui luy font venus
en abufant de ces deux appetits,
auec le contentement qu'il a eu
quand il en a vfé moderément; &
tirer de là ce raifonnement, qu'en
l'vfage des chofes qui nous font
propres, il y a vn certain terme
metoyen lequel il ne faut jamais
outrepaffer.

Quoy que l'homme & la befte
ayent cela de commun entr'eux
d'auoir foin de leur conferuation,
d'éuiter tout ce qui leur peut nuire, & de rechercher l'vn & l'autre
tout ce qui leur eft neceffaire
pour viure, fi eft-ce qu'il y a en
l'ame de l'homme plus qu'en celle de la befte, ie ne fçay quelle

lueur sombre & cachée, qui ne se
découure point en luy qu'à mesure qu'il s'auance sur l'âge, comme nous voyons que la veuë des
petits chiens qui naissent aueugles s'éclaircit auec le temps.

Ce rayon visuel de l'ame ne s'allume que de la collision des choses presentes auec celles qui sont
desja passées, dont l'impression
n'est pas encore effacée, sur la re-
presentation desquelles elle a vne
faculté qui discourt, qui examine
leur origine, leur cause, leur progrez, & le rapport qu'elles ont
entr'elles, pour en tirer vne connoissance qu'elle ne pensoit pas
auoir. Ainsi ce qui s'appelle communément raison, n'est rien autre chose, pour la bien definir,
qu'vn mouuement retrograde de

l'ame vers le paſſé pour ſon inſtruction preſente, & pour vne meilleure direction à l'aduenir.

Cela s'eſt fait voir en la premiere offenſe de l'homme contre
Dieu, auquel, quoy qu'il euſt eſté
creé raiſonnable, ſa raiſon ne luy
ſeruit de rien pour preuoir la faute qu'il alloit faire, ſinon apres
qu'il l'eut faite. Ses yeux qui la
repreſentent ne furent point ouuerts, dit l'Eſcriture, qu'apres ſon
peché ; il s'apperceut alors de ſa
nudité, c'eſt à dire, qu'il eſtoit dé-
poüillé de la grace qu'il auoit auparauant.

Cette hiſtoire ſainte nous apprend, que la commiſſion du peché preceda le raiſonnement &
le repentir du premier homme,
d'où l'on peut tirer cette conſe-

quence, que ſes deſcendans plus
imparfaits que luy ne peuuent ſe
former aucun modele d'vne vie
reglée que ſur l'inſtruction qu'ils
retirent de leurs propres fautes.
C'eſt ce qui a donné ſujet à quelqu'vn de nos Politiques de dire,
que les mauuaiſes mœurs auoient
engendré les bonnes loix qui leur
auoient ſeruy de correctif.

Les jeunes gens, dans l'eſprit
deſquels domine la primogeniture des ſens, du gouſt & de l'attouchement, ne reconnoiſſent point
d'abord aucun bien ny aucun mal
que celuy qui contente, ou qui
bleſſe ces meſmes ſens; mais il arriue qu'inſenſiblement apres que
l'écume des premiers boüillons
de la jeuneſſe eſt paſſée, ils s'ap-
perçoiuent peu à peu que le venin

des voluptez fenfuelles eft en la
queuë; qu'elles ne durent pas toûjours ; qu'elles ont leurs propres
dégoufts en leur excez ; & quoy
qu'elles foient communes à toutes les brutes comme à eux, il doit
y auoir quelque autre efpece de
plaifir, que celuy des fens, qui foit
& plus durable & particulier à
l'homme feulement, veu l'excel-
lence de fa nature au deffus de
celle de tous les autres animaux.

C'eft pourquoy quand vne ame
à demy noyée dans les ordures
des femmes & du vin, fe propofe
de s'en retirer, nous voyons que
la premiere action qu'elle fait, eft
de regarder le honteux eftat où
elle fe trouue ; Et la feconde,
eft de fe reprefenter l'integrité
qu'elle auoit auant fa defbauche.

L'examen de ces deux extremitez est vn acte d'vne prudence
qui nous est originelle, laquelle
deuient force, s'il en reüssit vn ferme propos de n'y plus retourner.
Que si ce ferme propos se change en habitude, il deuient temperance, & cette temperance est
vne iustice que l'homme se rend
à soy-mesme, par laquelle sa raison, qui constituë sa vraye essence, tasche de se remettre en ses
droits ; ce qui ne seroit iamais arriué, si la laideur de son vice ne se
fust descouuerte à luy durant sa
desbauche, & que l'ame pour sa
correction n'eust excité toutes les
puissances que i'ay dites, en l'v-
nion desquelles consiste ce que
nous appellons communément
la vertu.

Il paroiſt donc en cela, que les
defauts que nous auons contra-
ctez en nos premieres années par
le mauuais vſage des ſens, du
gouſt & de l'attouchement, ont
eſté la matiere ſur laquelle les
plus nobles operations de l'ame
ont agy pour les reformer; & que
la Temperance, aydée de la Prudence, de la Force, & de la Iuſtice,
eſt le ſeul remede que nous ayons
contre toutes nos mauuaiſes ha-
bitudes.

Cette vertu tient en ſon deuoir
l'extrauagance de la volonté; elle
modere en l'ame l'impulſion de
tout mouuement deſreiglé; c'eſt
par ſon moyen que la Force, la
Prudence, & la Iuſtice, ſont des
vertus, qui ſans elle ſeroient des
vices en leur foibleſſe, ou en leur

excez ; *Noli esse justus nimiùm, nec sapientior quàm oportet*, dit le Sage. Enfin cette vertu est d'vne si grande estenduë, qu'elle ne se peut désvnir, ny se desassocier d'auec toutes les autres vertus desquelles elle fait l'harmonie & la consonance.

Encore que cette vertu soit la commune conciliatrice de toutes les autres, si est-ce toutefois que sa principale fonction consiste à moderer l'incontinence du goust & de l'attouchement, desquels sens procede la gourmandise & la desbauche auec les femmes, qui sont deux sources fecondes d'où deriuent tous les pechez que nous appellons mortels.

Premierement l'orgueil, qui n'est qu'vne fausse idole conceuë de la vaine opinion que nous auons de noſtre propre ſuffiſance, eſt en quelque maniere vn rejetton qui naiſt de la gourmandiſe; eſtant comme impoſſible, quand vn eſtomach regorge de viandes priſes ſans meſure, & que les veines ſont enflées de la chaleur d'vn ſang ſuperflu, que la vapeur qui en monte au cerueau, qui eſt le ſiege de l'entendement, ne le rempliſſe de ſuperbe, de petulance & d'audace.

C'eſt pourquoy l'Hiſtoire ancienne nous apprend que Bachus, le Dieu de la bonne chere, a eſté l'vn des premiers conquerans, qui eſt vn effet de l'orgueil : & meſme pour nous monſtrer combien eſt indocile la fierté que cauſe la fumée du vin, les Poëtes ont re-

prefenté ce Dieu monté fur vn
chariot de triomphe attelé de Tygres, de Leopards, & de Panthe-
res, qui font tous animaux fuper-
bes, & tous indomptables. En fecond lieu l'enuie, qui n'eft qu'vne
jaloufie qu'on a de la profperité
d'autruy; la colere, qui eft vn appetit volatil d'vne vengeance paf-
fagere; & la hayne, qui eft vne
volonté determinée de mal faire,
font autant de pechez, qui procedent de la chaleur criminelle d'vn
fang que l'abondance des veines
a corrompu, dont la maligne
vapeur offufque la lumiere de
l'entendement. La fobrieté, qui
eft oppofée à la gourmandife, eft
fi peu fujette à tous ces déreigle-
mens d'efprit, qu'vn ancien politique a tres-bien remarqué,

comme vne chofe tres-extraordi-
naire, que Cefar a efté le premier
homme fobre qui s'eft propofé
de fe rendre le maiftre de fon
pays.

On peut dire auffi que la pa-
reffe & la nonchalance, qui eft
vne langueur faineante du corps
& de l'efprit, qui neglige de commencer ou d'acheuer aucune chofe qui foit bonne, eft vn autre
effet de la gourmandife, reprefentée par vn pourceau, qui fe
plaift dans le bourbier où il crou-
pit, fans fe mettre en peine d'en
fortir.

Pour ce qui eft de la defbauche
des femmes & du vin, ce font
deux beffons qui naiffent d'vne
mefme ventrée, & qui ne fe quittent prefque jamais. Leur alliance

se fait voir en la distribution des
parties du corps, dans lequel celles qui font employées à contenter les fens de l'attouchement,
font voifines, & ont leur place au
deffous du ventre: de forte qu'on
a eu raifon de dire, que fans Cerés
& Bachus, qui en font les deux
nourriciers, Venus, qui eft la
Deeffe des parties qui luy font inferieures, feroit morfonduë.

Finalement l'auarice, qui eft
vne infatiable auidité d'auoir du
bien, ne trauaille le plus fouuent
que pour auoir moyen de fubuenir à la folle defpenfe du mauuais
vfage de ces deux fens, qui font
fi funeftes à l'homme, que faint
Gregoire en fes Morales, les appelle nos deux ennemis interieurs;
interieurs, parce qu'ils s'incarnent

tous deux auec nous; & nos ennemis, parce qu'ils nous troublent tous deux en mefme temps
en la poffeffion des biens de l'efprit, du corps, & de la fortune.

En effet, il n'y a perfonne qui
ne connoiffe que l'abandonnement aux femmes & à la crapule
ne foient incompatibles auec la
prudence, le bon confeil, & la
meditation des chofes hautes. La
Sapience qui comprend ces trois
chofes, ne fe rencontre point en
terre parmy ceux qui viuent de-
licieufement, dit l'Efcriture. Pour
peu que nous ayons auffi d'experience, nous auons pû reconnoiftre en nous, & en autruy, qu'il
n'y a rien qui affoibliffe tant le
corps, ny qui le rende plus lan-

guiſſant & plus fleſtry, ny qui ſoit
ſi contraire à la ſanté ny à la longue vie, que l'excez de ces deux
choſes. Elles ſont ſi ruïneuſes, &
ſi pleines d'infamie, qu'il n'y a
jamais eu perſonne qui ſoit par-
uenu aux richeſſes, aux dignitez,
aux honneurs, ny à la bonne re-
nommée par ces deux voyes. De
maniere qu'il faut bien prendre
garde que les ſens du gouſt & de
l'attouchement, qui nous ſont
communs auec toutes ſortes de
beſtes, & qui naiſſent en nous
les premiers, ne conſeruent leur
droit de primogeniture au deſſus
de la raiſon qui eſt leur puiſnée,
de peur qu'il ne ſe forme de nous
vn animal plus monſtrueux que
le Centaure de nos Fables, dans
lequel la partie ſuperieure de

l'homme eſt au deſſus de celle de
la beſte ; en cettuy-cy la beſte ſeroit à cheual ſur l'homme, & alors
le mauuais vſage de ces deux ſens,
d'où naiſſent toutes ſortes de vices, ayant le deſſus, rendroit
l'homme incapable de toute ſocieté.

CHAPI-

CHAPITRE IX.

COMME IL Y A EN NOVS des appetits naturels qui font contraires à la focieté, il y a auffi en nous quelques reigles naturelles de la vie morale qui nous en rendent capables.

COMME le corps en naiffant eft inhabile à la generation, & qu'il a befoin de croiftre, de fe fortifier, & d'arriuer à vn certain âge auant que d'en eftre capable; l'ame tout de mefme eft infeconde en fes premieres années, jufques à ce qu'elle fe foit, auec le temps, fortifiée de plufieurs experiences, & de diuerfes reflexions fur le paffé pour fon inftruction prefente, & pour celle de l'aduenir. Comme donc le corps a befoin de fa puberté pour en-

L

gendrer vn autre corps , qui eſt
ſon image; l'ame a beſoin auſſi de
la ſienne auant qu'elle puiſſe produire ſa raiſon, qui eſt ſa reſſemblance.

Car comme Dieu a poſé dans
noſtre intellect des principes qui
ſeruent à former noſtre raiſonnement, il a de la meſme façon poſé
des reigles qui preſident à toutes
les actions , & à tous les deuoirs
de noſtre vie, par le moyen deſquelles , ſi on y prend garde, on
peut eſtre informé, auec certitude, de ce qui eſt bon à faire ou à
laiſſer ; de ce qui eſt honneſte,
bien-ſeant & juſte , & de ce qui
ne l'eſt pas. Nous pouuons auſſi
reconnoiſtre , par l'affinité que
nous auons auec Dieu, qui eſt le
Createur du monde, & le noſtre,

que ſous ce reſpect nous luy deuons noſtre adoration ; que nous
ſommes obligez d'honorer noſtre
pere, auquel nous deuons noſtre
naiſſance ; d'obeïr à nos ſupe-
rieurs, de rendre à vn chacun ce
qui luy appartient ; & ne faire
point à autruy ce que nous ne voudrions point nous auoir eſté fait.

Toutes ces reigles ſont grauées
comme loix en noſtre entendement, qui en eſt le juge ; & ſont
infuſes en nous comme vn rayon
de la lumiere diuine qui nous penetre.

Il n'y a rien encore qui démon-
ſtre plus clairement que la loy
morale eſt naturellement empreinte en nos ames, que le diſcernement que nous faiſons des
bonnes œuures d'auec les mau-

uaifes, & des chofes juftes d'auec
celles qui ne le font pas ; ce qui
ne fe pourroit faire, s'il n'y auoit
originairement au dedans de nous
vne certaine reigle de juftice, fur
laquelle fe fait l'alignement de
ce qui eft le plus ou le moins jufte, ou de ce qui eft le plus ou le
moins injufte. Le conflict de nos
penfées qui s'entrechoquent, eft
vn indice certain qu'il y a en nous
vn Iuge interieur qui peut decider de leur contention. La reflexion que fait l'ame, fur tout ce
que nous auons fait, dit, ou penfé
de bien & de mal, dans lequel la
confcience produit pour tefmoin
contre nous, ou en noftre faueur,
tout ce qui nous peut accufer ou
excufer, nous eft vn argument infaillible que cette defenfe ou ac-

cufation ne fe pourroit faire alternatiuement, s'il n'y auoit vne
loy interieure en nous, fuffifante
de terminer ce differend.

On void donc, par toutes ces
raifons, que nous auons au dedans de nous vne loy morale, qui
eft originelle, par l'aide de laquelle tout homme temperé peut viure innocemment, fans auoir befoin d'vne loy efcrite pour reigler
fes actions : Et que la loy efcrite
n'a efté donnée que pour affujettir aux loix interieures, auec plus
d'autorité, ceux qui negligent d'y
obeïr volontairement. La loy n'a
pas efté donnée en faueur du jufte, dit faint Paul à Timothée.

Cette loy interieure & morale,
eft d'vne telle neceffité, qu'encore que la premiere table de la

loy', qui ordonne du culte de
Dieu, foit en ordre auant la feconde, qui reigle comme il faut
que l'homme fe gouuerne auec
l'homme, cette derniere toutefois a deu eftre mife en vfage, &
pratiquée la premiere; parce qu'il
eftoit impoffible que l'homme
peuft entrer en focieté qu'il n'euft
fceu auparauant qu'il fe falloit
abftenir de toutes les chofes qui
font incompatibles en la vie ciuile, comme le font l'homicide, l'a-
dultere, le larcin, & le faux tefmoignage.

Il a donc efté befoin que les defenfes qui font contenuës en la
feconde table de la loy non efcrite alors, ayent efté obferuées
auant la publication de la premiere table de la loy efcrite; & que

quelque homme sage ayant examiné quel est le deuoir de nature, ait eu l'intelligence de la necessité de l'vsage de ces loix, &
qu'apres les auoir pratiquées luy-
mesme, il en ait proposé l'exemple au public. Autrement il eust
fallu que tout le temps qui a precedé celuy auquel Moyse a receu
de Dieu la loy escrite pour la
donner à son peuple, n'eust esté
depuis le Deluge jusques à luy,
qu'vne suitte de confusion.

Nous trouuons dans les liures
de Moyse, qu'Abraham, de la lignée de Sem, l'vn des enfans de
Noé, a esté l'vn des premiers qui
a vescu selon l'innocence de la
loy de nature ; mais quoy que cét
Auteur sacré, qui ne s'estoit proposé d'escrire que l'histoire du

peuple d'Ifraël, ne faffe aucune
mention de ce qui eft arriué dans
les generations de Cam & de Iaphet, les deux autres enfans de
Noé; il eft certain toutefois que
les peuples qui en font iffus n'euffent jamais pû compatir enfemble comme ils ont fait, fi l'experience ne leur euft fait connoiftre
qu'il n'y auoit rien de plus conforme à nature, eftant tous égaux,
que de ne faire point à vn autre,
ce qu'on ne voudroit point fouffrir de luy; qui eft vne chofe qui
comprend en foy tout ce qui eft
contenu en la feconde table de la
loy de Dieu.

Il eft affez vray-femblable, que
la confufion dans laquelle fe trouuerent les hommes, quand le
nombre en fut beaucoup accreu,

a eu befoin de ce premier reigle-
ment, & qu'il a efté receu de tous
vnanimement quand il à efté propofé, veu le concours qui fe rencontre dans les volontez d'vn chacun, quand il eft queftion d'vne
vtilité publique, où toutes fortes
de perfonnes fe trouuent interef-
fées.

Ce concours de volontez, en
cette occafion, ne fera pas difficile à croire, fi l'on confidere
qu'il n'y a point d'vnité fi femblable à vne autre vnité, que l'eft
celle de l'homme auec l'homme.
Toute leur efpece eft comprife
fous vne mefme définition; autrement elle ne leur conuiendroit
pas à tous. Leur raifon, qui les
rend diffemblables des beftes, par
le moyen de laquelle ils conjectu-

rent, ils argumentent, ils difcou-
rent, ils prouuent, ils refutent, ils
concluën, leur eft vne faculté
commune à tous : leurs fens n'ont
qu'vne mefme comprehenfion ;
l'objet qui les efmeut en l'vn
d'eux, les efmeut en tous autres
de la mefme façon. Leurs premieres intelligences font en eux tous
vne mefme impreffion ; & fi la
parole, qui en eft l'interprete,
n'vfe pas de mefmes termes pour
l'exprimer, elle ne laiffe pas de
conuenir en mefme fens. Ils ont
tous vn mefme defir de la vie, &
vne mefme apprehenfion de la
mort. Tous deteftent en autruy
la malignité, la cruauté, l'ingra-
titude ; & ont en eftime la modeftie, la benignité, & la reconnoiffance d'vn bon office receu.

L'impreſſion de la douleur, de la
triſteſſe, de la joye, de la conuoi-
tiſe ſe fait en tous à peu prés
d'vne meſme ſorte; & finalement
tous ſont portez d'vne meſme affection vers le bien, & tous d'vne
meſme auerſion contre le mal.
Cela eſtant, on ne peut douter
que ceux qui ſe ſont le moins eſ-
cartez de cette conuenance vniuerſelle, qui eſt commune à toute l'eſpece, n'ayent mené vne vie
plus conforme à nature, à la raiſon, & à la vertu (qui n'eſt qu'vne
meſme choſe ſous trois diuers
noms) que les autres, qui n'ont
pas tenu cette meſme voye, pour
auoir eſtouffé la lumiere naturelle qu'ils auoient, ſoit par vne habitude contractée du pere, de la
mere, de la nourrice, d'vne mau-

uaife difcipline , d'vn mauuais
exemple, où pour auoir inconfi-
derément fuiuy les erreurs populaires , ils pouuoient tous viure
d'vne vie reiglée , s'ils y euffent
pris garde ; parce que ceux à qui
la nature a donné la raifon, la mefme nature ne leur a pas defnié la
faculté de la droite raifon, en laquelle confifte le droit & l'équité
naturelle, qui eft cette loy interieure commune à tous , qui ordonne de tout ce qui fe doit, &
de tout ce qui ne fe doit pas
faire.

✷ ✷✷ ✷✷ ✷✷✷ ✷✷✷ ✷✷ ✷✷ ✷✷ ✷✷✷ ✷✷✷✷ ✷✷ ✷✷✷✷ ✷✷

CHAPITRE X.

QVE TOVTES CES DEFENSES
font pluſtoſt vne abſtinence de mal faire, qu'vne vertu. Qu'il ne ſuffit pas à l'homme d'y obeïr. Qu'il doit eſtre officieux de la ne-ceſſité des offices mutuels, & des premiers arts.

CE fut donc par les ſuffrages du peuple qu'il fut conuenu de ces quatre premieres defenſes, & de la peine de leur tranſgreſ-ſion, apres que le plus aduiſé d'en-tr'eux eut fait connoiſtre l'im-poſſibilité qu'il y auoit de ſortir hors de la confuſion où l'on eſtoit, que par ce ſeul moyen. On jugea auſſi qu'en reconnoiſſance de ce bien-fait, on eſtoit obligé de con-ferer à celuy-là meſme qui en eſtoit l'auteur, le pouuoir d'en faire executer l'ordonnance. Car de rapporter l'inuention des bonnes loix à des moyens furnaturels, comme ont fait quelques-vns des anciens, c'eft rendre l'homme d'vne pire condition que ne font les brutes, qui ont trouué d'elles-mefmes les expediens de leur feureté, fans auoir eu befoin de l'aide des Dieux.

La feule lumiere de la raifon par laquelle l'homme eft fait à l'image de Dieu, luy apprend, que s'il tuë fans eftre chaftié, s'il eft adultere, s'il defrobe, & qu'il porte vn faux tefmoignage, qu'vn autre a le droit de commettre impunément les mefmes chofes contre luy. De maniere que pour autorifer ces defenfes il n'eftoit point befoin de la feinte que fit Zoroafte de confulter Horomafis : ny

Trifmegifte Mercure : ny Minos
Iupiter : ny Solon Minerue : ny
Numa la Nymphe Egerie, auant
que de donner les loix aux Perfes,
aux Egyptiens, aux Cretes, aux
Atheniens, & aux Romains. Cette fuppofition de confulter ces diuinitez, fondée fur vn menfonge,
decreditoit plus ces loix parmy
les perfonnes d'entendement,
qu'elle ne leur donnoit de creance. Il ne fallut, apres en auoir fait
voir la neceffité, que prendre les
aduis de chaque homme en particulier, pour l'obliger non feulement à les accepter, mais à les
demander, tant elles font conformes à la droite raifon qui conftituë la vraye effence de l'homme.
Que fi Moyfe les a prefentées au
peuple efcrites de la main de

Dieu, ce n'a esté que pour l'obliger d'apporter encore plus de respect à leur obseruation.

La pratique de ces defenses
n'est pas proprement vne vertu,
mais simplement vne abstinence
de mal faire, par laquelle il se forme insensiblement en l'homme
vne disposition à la vie ciuile; parce qu'en effet si ie tuë vn homme,
ie l'oste à luy-mesme & au public;
si ie suis vn adultere, ie romps la
fidelité promise entre le mary &
la femme; si ie suis vn larron, ie
destourne à mon vsage particulier le bien d'autruy qui deuoit
estre employé au sien. Finalement si ie suis vn faux tesmoin,
outre que ie me suis infidelle &
traistre à moy-mesme, ne disant
pas la verité, ie puis estre cause
que

que l'innocent foit fauffement
condamné, & le coupable injuftement abfous : toutes lefquelles
chofes font contraires à la focieté, & par confequent il eft impoffible que ie puiffe eftre capable de la vie ciuile, fi ie ne m'ab-
ftiens, & que ie ne fois exempt
de commettre tous ces crimes.
Pour preuue que la neceffité de
ces defenfes eft conforme au fens
commun, c'eft qu'il ne s'eft jamais
veu d'Eftat, foit qu'il ait efté gouuerné par vne multitude, ou par
quelques-vns des Grands, ou par
vn feul Monarque, dans lequel il
ait efté permis de commettre impunément pas vn de ces crimes.

Les hommes ne font point au
monde pour fe faire du mal les
vns aux autres, ils y font pour

M

s'entr'ayder ; c'eſt pourquoy la
prudence de nature, quelque reſſemblance qu'il y ait entr'eux, ne
leur a pas voulu donner à tous
vn meſme talent, afin de les entr'engager tous les vns vers les autres par la neceſſité du beſoin mutuel à la neceſſité d'vn ſecours
mutuel, & pour rendre en ce faiſant l'obligation de leur ſocieté
plus eſtroite. Nous en voyons
vn exemple ſenſible en ce qu'il
n'y a pas vn ſeul de nous qui ne
reſſente à toute heure l'vtilité qui
ſe retire de l'ayde mutuel, le riche
en a beſoin comme le pauure, le
grand comme le petit, le fort
comme le foible, juſques à l'aueugle & au cul de jatte, dont le premier porte ſur ſes eſpaules le dernier qui luy a ſeruy de guide.

Toute sorte de trafic n'est rien autre chose qu'vn commerce d'offices respectifs qu'on se rend les vns aux autres. Le marchand qui me vend sa denrée qui me fait besoin, me fait vn plaisir, ie luy en fais vn autre en le payant. L'argent que ie paye à l'artisan, de la main duquel ie me sers, est vn eschange que ie fais d'vne partie de mon bien auec son industrie, qui nous est esgalement vtile à tous deux. Le gain & la nourriture que ie donne à mon seruiteur, est son salaire, son seruice est le mien; le Prince mesme, à qui l'on doit toute sorte d'obeïssance, nous doit, sous ce mesme respect, sa protection. Finalement, de quelque condition que puisse estre vn homme, il est obligé, vi-

uant en compagnie, de rendre
quelque office à son associé : Vn
office, dis-je, plus doux à rendre
qu'à receuoir, qui plaist non seulement à celuy à qui on le fait,
mais aussi à celuy qui le void faire. Il fait plus, il nous attire vn autre office à nostre besoin, il nous
habituë à estre bien-faisans, & il
concilie entre nous vne bien-
veillance mutuelle, & la bien-
veillance l'amitié, qui est de toutes les societez de la vie, celle où
il y a le plus d'vnion, & qui par
consequent est la plus parfaite.

De toutes les polices qui ont
jamais esté, il n'y en a pas vne seule en laquelle le deuoir mutuel
soit si expressément commandé
qu'en la Chrestienne, qui veut
que nostre amour propre soit la

mesure de celuy que nous deuons
porter à nostre prochain. Le prochain en l'ancienne loy ne s'esten-
doit que jusques à l'homme circoncis; en la nouuelle, tout homme, quel qu'il soit, circoncis ou
incirconcis, est nostre prochain.
Ce fut pourquoy quand on dit à
IESVS-CHRIST que sa Mere &
ses freres le demandoient, il mon-
stra ses disciples, & tous ceux qui
estoient auprés de luy, en disant,
Voicy ma Mere & mes freres,
pour faire voir que la charité ne
fait aucune distinction de toy, de
moy, ny de mes parens d'auec
ceux qui ne le font pas : Mais
comme il n'y a jamais eu qu'vn
Dieu incarné, qui est vn exemple sans exemple qui soit arriué à
cette perfection, il suffit à l'hom-

me de faire ſes efforts pour y paruenir, & ç'a eſté vn grand acheminement à la ſocieté, de ce que
quelque reſſemblance qu'il paroiſſe y auoir entre les hommes,
il ne laiſſe pas d'y auoir entr'eux
vne diſſemblance tres-notable,
qui eſt exterieure & interieure :
Exterieure, afin qu'on peuſt di-
ſtinguer au dehors vn homme ſingulier d'auec vn autre homme,
& qu'on peuſt connoiſtre par ce
moyen à qui on a fait du bien, &
de qui on en reçoit. Nous voyons
qu'elle eſt interieure auſſi, par la
difference des applications de l'eſprit de l'homme, qui ne procede
que de la diſſemblance qui eſt au
dedans. Cette diuerſité d'applications eſtoit abſoluëment necceſ-
ſaire en la vie ciuile, pour nous

obliger à nous entrefecourir;joint
aufli que tous les arts, qui font,
ce dit-on, autant de petites pru-
dences figurées par les eftincelles
du feu du ciel defrobé par Prome-
thée, qui fe répandirent çà & là,
& qui ont trouué par ce moyen
chacun leur artifan qui les exerce
en faueur de la communauté.

Vray-femblablement les premiers hommes vefcurent du pa-
fturage, eftant épars çà & là, jufques au temps de Iabel, qui fut
le feptiefme depuis Adam, que
l'Efcriture remarque auoir efté le
pere des habitans tentes, & des
pafteurs; c'eft à dire, que ce fut
luy qui apprit le premier aux pafteurs d'affembler leurs trou-
peaux pour viure en focieté, & de
fe faire des tentes, qui font mai-

M iiij

fons portatiues qu'ils changeoient
de lieu en autre, felon le befoin
qu'ils en auoient pour le paftura-
ge de leur beftail.

　En ce mefme temps il fe trouue auffi que Iubal, frere de Iabel,
fut le pere de ceux qui touchent
la harpe ; & Tubalcaïn, fon autre frere, fut forgeur de tous inftrumens d'airain & de fer, difent les faintes Lettres. En quoy
elles nous font voir que la mufique, qui eft reprefentée par l'inuention de la harpe, a precedé
tous les autres arts, pour deux raifons, comme ie croy, dont l'vne
eft que la vie de pafteur, qui eftoit
la premiere en ordre, eftant oifi-
ue, eut befoin du fon de la voix
& de l'inftrument pour fe paffer
auec moins d'ennuy, & pour tenir

l'homme en quelque forte de focieté auec foy-mefme, n'ayant
point nulle autre forte de diuertiffement que celuy du foin de fon
troupeau, qui eft vne occupation
affez languiffante ; & l'autre raifon, parce que la mufique eftant
compofée de figures, d'accords,
de mefures & de proportions, de
toutes lefquelles chofes la plus
grande partie des arts mechaniques ont befoin, il eftoit neceffaire qu'elle les precedaft.

Entre tous les arts, l'agriculture, qui fut pratiquée par Caïn, le
premier fils d'Adam, eft celle qui
contribuë le plus aux neceffitez
de la vie ; parce que la terre ne
nous peut rien donner que de fauuage, ny fruict, ny bled, ny vin,
fi elle n'eft cultiuée; ce qui ne fe

peut faire fans ferrement ; joint
auffi qu'il n'y a gueres d'art, foit
mechanique ou liberal, qui n'ait
eu befoin du compas & de la reigle pour la fabrique de fes inftrumens ; lefquels il euft efté affez
difficile d'ajufter, fi le fer n'euft
aidé à en faire le premier alignement. Ce n'eft pas que le monde
en fon enfance n'ait pû fe paffer
du labourage de la terre, mais depuis qu'il a efté accreu de plufieurs generations, il eft certain
qu'il euft efté contraint de retomber dans fon premier neant fans
l'inuention de la forge & des inftrumens d'airain & de fer, defquels le naufrage vniuerfel auroit
aboly l'vfage, fi l'enclume & le
marteau, qui font les principaux
outils de la forge, ne fe fuffent

retrouuez apres la retraite des eaux; & si Noé, & ses enfans, qui auoient vescu long-temps auant le Deluge, & qui vesquirent long-temps apres, ne leur eussent rendu leur premier vsage.

N'en desplaise aux Fables des Poëtes anciens, qui n'ont veu que comme des aueugles dans l'épaisseur des tenebres de l'antiquité, l'origine de tous les arts qui seruoient aux plus essentielles commoditez de la vie, ne peut auoir eu nul autre principe que celuy-là. Or comme la naturelle occupation de l'homme ne consiste qu'en trois differentes sortes de vies, dont la sensitiue est la premiere, la raisonnable la seconde, & l'intellectuelle la troisiesme; il y a aussi trois differentes sortes

d'arts qui ont leur refpect à chacune de fes vies; à fçauoir, les arts
mechaniques à la vie fenfitiue, les
arts liberaux à la partie raifonnable de l'homme, & les fciences à
fon intellect ; toutes lefquelles
chofes ont fucceffiuement trouué leur vfage dans le progrez de
la vie des hommes, felon la naturelle difpofition d'vn chacun.

ᘛᘛᘛᘛᘛᘛᘛᘛᘛᘛᘛᘛ+ᘛᘛᘛᘛᘛᘛᘛᘛᘛᘛᘛᘛ

CHAPITRE XI.

LES PREMIERS MONARQVES
n'ont point esté violents . Nembrot ne le fut
point. Ils ont regné plustost par la force de la
raison que par celle des armes. Les effets de
l'vn & de l'autre. Quel doit estre vn Prince.

IL est assez difficile de descouurir quel a esté le commencement des premieres Monarchies,
veu que la naissance du monde
fut si pleine d'injustice & de dis-
solution depuis Adam jusques au
Deluge, qu'il ne paroist point
qu'il y ait eu aux premiers siecles aucun vestige de police ny de
societé ciuile ; ce qui fut cause
que Dieu se repentit d'auoir fait
l'homme.

Depuis le Deluge, la descente
des enfans de Sem, qui fut la pre-

miere tige d'où font iffus les He-
brieux, eft defcrite auec ordre &
affez au long dans les liures de
Moyfe ; mais celle des enfans de
Iaphet & de Cam, qui peuplerent
le refte de la terre habitable, eft
traitée fi legerement, qu'il n'y a
rien qui puiffe nous donner quelque lumiere de l'hiftoire prophane, que ce qui eft dit de Nembrot, & de l'edification de la tour
de Babel, où fe fit la confufion
des langues. Moyfe remarque ces
deux chofes comme en paffant,
pour faire voir fimplement l'origine des peuples & des premiers
Eftats, ne s'eftant point propofé
d'efcrire l'hiftoire vniuerfelle,
mais feulement celle de fa nation
depuis le Deluge jufques à luy.

Nembrot, dit l'Efcriture, fut

celuy qui commença le premier
d’eſtre puiſſant ſur la terre, ſans
ſpecifier ſi ce fut par la force des
armes ou de la raiſon que s’eſta-
blit ſon autorité. Elle remarque
ſimplement qu’il fut vn fort veneur deuant Dieu, & que Baby-
lon, & quelques autres villes furent le commencement de ſon
Empire. Ce mot de fort veneur a
eſté expliqué en mauuaiſe part de
quelques-vns des Interpretes,
comme s’il auoit eſté vn violent
vſurpateur : mais il me ſemble
qu’on pourroit donner à ces termes de l’Eſcriture vne explica-
tion plus douce & plus conuena-
ble; parce que les hommes eſtant
encore alors agreſtes & ſauuages,
il leur fallut donner la chaſſe comme aux beſtes pour les adomeſti-

quer, & les reduire à la vie ciuile; ce qui ne se pouuoit faire qu'en joignant à la raison la force & l'autorité. C'est pourquoy l'Escriture l'appelle vn veneur robuste; & qui plus est, pour tesmoigner que cette force estoit legitime, elle remarque qu'elle se faisoit, *coram Domino;* c'est à dire sous l'obeïssance du Seigneur, comme il se voit au premier chapitre d'Esther, vers. 4. où il est dit, que le roy Assuerus fit vn festin aux Grands & Gouuerneurs des Prouinces, *coram se,* lesquels deux mots, *coram se,* ont esté traduits par les Interpretes, sous son obeïssance.

Que si quelques-vns des Peres n'ont pas esté de cette opinion, il faut toutefois qu'aux choses qui sont douteuses & indecises
comme

comme l'eſt celle-là, l'interpretation la plus fauorable doit toûjours eſtre ſuiuie comme la meilleure, pourueu qu'elle ne ſoit
point contraire au ſens de la let-
tre.

Le monde eſt ſi vieux, & les Auteurs qui en ont eſcrit ſi moder-
nes au reſpect de ſon antiquité,
que nous ne pouuons auoir aucune lumiere de ce qui s'eſt fait aux
premiers temps, que par la conuenance, qu'il y a des choſes pre-
ſentes auec les choſes paſſées. De
là nous tirons quelques conje-
ctures & quelque indication de
ce qui s'eſt desja fait par ce qui ſe
fait preſentement. Or eſt-il qu'il
ne s'eſt point veu d'Eſtat ſe ſouſtenir longuement en ſon entier,
qui n'ait point eu d'autre appuy

N

que la violence ; tefmoin l'Empire d'Alexandre le Grand, lequel
pour s'eftre accreu par la feule
force des armes, fouffrit plufieurs
foûleuemens en fon progrez, &
n'eut pas vn plus long terme de
fa durée que de la vie de fon conquerant. Que fi la fondation de
Rome a eu vn meilleur fuccez,
cela eft deu a la prudence de Numa, lequel affeura par la Religion, par de bonnes loix, & par
vne longue paix, ce que Romulus fon predeceffeur auoit con-
quis par la force. Ce qui me donne fujet de conjecturer que Nembrot ne fut point vn homme violent, mais pluftoft vn fage politique, qui fut appellé robufte veneur pour auoir efté tres-exact à
maintenir la juftice, & peut-eftre

fuſt-ce ce Belus duquel l'hiſtoire prophane fait mention. Ie le juge par la ſuitte de l'Eſcriture, qui dit que de cette terre où commandoit Nembrot eſt ſorty Aſſur qui edifia Niniue. Cét Aſſur doit eſtre Niuas, ſucceſſeur de Belus, qui tous deux furent les premiers Monarques des Aſſyriens.

Plutarque en ſon traité d'Iſis & d'Oſiris, dit qu'il y eut en Egypte vn roy nommé Oſiris, lequel retira les Egyptiens de la vie indigente & ſauuage, en leur enſeignant à ſemer & à planter; en leur eſtabliſſant des loix ; & en leur remonſtrant à reuerer & honorer les Dieux. Et que depuis allant par le monde, il appriuoiſa les hommes ſans y employer la force des armes; mais en les attirant &

N ij

gaignant par douces perſuaſions
& remonſtrances qui eſtoient mi-
ſes en vers, & ſe chantoient. Et
d'autant que ce Prince fut tres-
aduiſé, les Egyptiens auoient accouſtumé de le repreſenter en
leur hieroglifique par vn œil qui
eſtoit poſé ſur vn ſceptre, pour
monſtrer que ſa prudence eſtoit
au deſſus de ſa puiſſance. Et meſme il eſt vray-ſemblable, dit-il,
que ce nom d'Oſiris luy fut donné pour deſigner ſa preuoyance;
parce qu'en leur langue le mot
d'*Os* ſignifie pluſieurs, & *iris*, vn
œil, comme s'ils euſſent voulu
dire que leur Prince eſtoit tout
voyant.

Le meſme Auteur au meſme
traité, dit, que l'ancien peuple
d'Egypte auoit eu par le paſſé en

telle abomination les delices, &
toute superfluité, que dedans le
Temple de la ville de Thebes il y
auoit vne colomne quarrée, fur
laquelle eftoient grauées, par le
commandement de Thignatis,
qui fut vn fage Prince, des male-
dictions & des execrations à l'en-
contre du roy Miuis, qui fut le
premier, qui deftourna les Egyptiens d'vne vie fimple & fobre,
fans argent & fans richeffes, laquelle ils menoient auparauant.

Leurs Roys s'élifoient alors de
l'ordre des Preftres, ou des gens
de guerre, qui eftoient deux ordres reuerez parmy eux ; mais
s'ils eftoient efleus des gens de
guerre, ils deuoient en mefme
temps eftre initiez en l'Ordre de
Preftrife, & fe faire inftruire dans

N iij

les myſteres de leur Sapience, afin
de ſe rendre capables non ſeulement de bien commander, mais
auſſi de gouuerner leur Eſtat auec
prudence.

On peut donc colliger de tous
ces exemples, que les premiers
hommes qui ont eſté puiſſans ſur
la terre, ont pluſtoſt employé leur
bon ſens que la force des armes
pour ſe mettre en poſſeſſion de
leur autorité. Ce qui nous eſt tres-
bien figuré par la peinture de noſtre Hercule Gaulois, lequel eſtoit
repreſenté traiſnant apres ſoy,
ſans aucune reſiſtance, vne multitude infinie d'hommes enchaiſ-
nez par les aureilles auec de petits
filets d'or, qui auoient leur inſer-
tion dans la racine de ſa langue,
qui eſtoit l'organe de ſon raiſon-

nement, fans employer ny fa maf-
fe, ny fes fleches, ny fon arc qu'il
auoit en main, comme eftant
moyens inutiles pour reduire
l'homme à la vie ciuile. La harpe
d'Orphée, & celle d'Amphion,
nous font encore vne figure, que
l'harmonie du bon fens & de la
droite raifon nous fuffit pour ci-
uilifer les hommes, pour appri-
uoifer les beftes fauuages, & pour
baftir vne grande cité.

Que fi d'ailleurs on confidere,
en tournant le reuers de la medaille, les effets de la guerre, fes
machines, fon attirail, les fieges,
les affauts, les incendies, les pilla-
ges, la licence de tout faire impunément, d'enchaifner, d'empri-
fonner, d'exiler, de confifquer, de
tuër, & de violer indifferemment

filles & femmes, qui font autant
de maux infeparables des armes,
difficilement fe pourra-t'on per-
fuader que la liberté de commettre tous ces excez, ait pû feruir
d'vn folide fondement aux premiers Eftats.

Tous les effets que produit la
guerre font fi ruïneux, qu'il n'y a
point d'homme de bon fens qui
puiffe eftre perfuadé que ce foit
vn moyen propre pour edifier. Or
eft-il qu'il n'y a point vn plus bel
edifice à voir que celuy d'vne cité, dont les parties font fi bien
jointes & compaffées entr'elles,
qu'il n'y en a pas vne qui n'ait fa
jufte proportion auec fon tout :
cette fymetrie ne procede que de
la fuffifance de l'efprit de l'Archi-
tecte, & non pas de la force de fes
bras.

L'hiftoire nous apprend qu'vn des Chambelans du roy de Perfe eftoit ordonné d'office pour luy venir dire tous les matins à fon refueil, Leue-toy Sire, pour mettre ordre aux affaires aufquelles Mezoromafdes t'a commis. La droite raifon eft ce Chambelan qui doit toûjours eftre au refueil du Prince, pour le faire fouuenir que puis qu'il reprefente Dieu fur la terre, il doit gouuerner fon Eftat comme Dieu gouuerne le monde, duquel la reuolution, nonobftant la rapidité de fon mouuement, fe fait auec ordre, paifiblement, & fans bruit. Le Prince n'eft l'image de Dieu, qu'entant qu'il eft jufte, equitable & preuoyant comme luy. Si toutes ces qualitez-là luy man-

quent, il n'eſt pas capable d'exercer cét art que Platon appelle en
quelque lieu, *Ars ad animam per-
tinens;* & en quelque autre, *Ars re-
gia,* qui eſt vne prudence politique de bien gouuerner vn Eſtat,
à laquelle ſont ſoûmis, comme à
leur reyne, tous les autres arts liberaux & mechaniques auſquels
elle donne la loy, & deſquels elle
ſe ſert comme de ſes manœuures.

Il n'y a point d'artiſan, tant ſoit-
il mechanique, qui n'ait l'ambi-
tion de vouloir exceller en ſon art;
Vn Roy qui doit auoir l'ame autant éleuée que l'eſt ſa condition,
ſera-t'il ſi puſillanime que de laiſſer auillir entre ſes mains la dignité de ſon meſtier?

Voicy quel eſt le meſtier du
Prince, d'aymer ſes ſujets; d'en

auoir pitié; de leur eftre humain
à tous ; & de ne point fouffrir
qu'on leur faffe aucune injure
qu'elle ne foit reparée, parce qu'il
leur doit fa protection ; d'offrir à
Dieu fon cœur en oblation, parce
qu'il n'y a point de facrifice qui
luy foit plus agreable que celuy-
là, pourueu qu'il foit pur & net;
qu'il tienne pour vne maxime in-
dubitable, qu'il n'y a point de
forterefle plus feure que celle
d'vne bonne confcience, ny de
garde plus fidelle que la bien-veillance de fes fujets.

Qu'il permette aux Iuges de luy
dire la verité, & qu'ils ayent vn
libre accez auprés de luy pour en
receuoir quelque inftruction.

Qu'il ne fe faffe point d'égaux,
mais qu'il approche de luy ceux

qui font capables d'annoblir fa
Cour, & de faire honneur à fon
Confeil.

Qu'il ne fe commande pas
moins qu'aux autres, afin de n'e-
ftre pas affujetty à fes paffions ;
mais qu'il en foit encore plus le
maiftre que de fes fujets.

Qu'il foit tel que fes fujets
ayent plus d'admiration de fa vertu, que de fa fortune.

Que fes mœurs foient fi rei-
glées, que fes fujets ne fe puiffent
point propofer vn meilleur exemple que le fien, parce qu'il luy feroit honteux d'auoir plus de puiffance & moins de vertu qu'eux.

Si le Prince veut eftre bien
obey, il faut qu'il foit vn obfer-
uateur tres-exact de tout ce qu'il
commandera, parce que la parole

se fait entendre simplement aux aureilles de celuy qui l'escoute, & que le bon exemple parle à son entendement ; joint aussi que si la voix de tout instrument n'est conforme à son institution, il la destruit au mesme temps qu'il la donne ; il esgare luy-mesme, en se déuoyant, celuy-là mesme auquel il ordonne de le suiure. Les bons exemples en la personne des Roys ont quelque chose en soy de plus majestueux & de plus autoritatif & puissant à ce faire, que n'ont leurs commandemens. Le rang qu'ils tiennent dans le monde est si respecté, qu'ils semblent commander tout ce qu'ils font, outre que le desir qu'on a de leur plaire en les imitant, est plus imperieux que ne font toutes leurs menaces.

Ie finis ce Chapitre par vn confeil donné de Dieu, tiré du Deuteronome fur la fin du Chapitre
dix-fept. Quand le Roy fera affis
fur fon trofne, il prendra des Leuites vne copie du liure de la Loy,
qu'il aura toûjours auec luy pour
la lire tous les jours de fa vie, afin
qu'il apprenne à craindre fon
Dieu, & à obferuer les commandemens & les ceremonies de la
Loy, de peur que fon cœur ne decline de la voye du Seigneur, &
qu'il ne s'en-orgueilliffe au deffus
de fes freres, s'il defire que luy
& fes enfans regnent longuement
fur fon peuple.

CHAPITRE XII.

DE LA PROFESSION DE LA
Iuſtice & des Armes, qui eurent vn meſme commencement; meſmes honneurs; & qui furent exercées par de meſmes perſonnes; Et comme quoy s'eſt fait leur diuorce.

LA premiere place, qui eſt celle du Prince, tel que ie l'ay repreſenté, ayant eſté priſe, comme il n'y a rien au monde qui ne ſoit ſubordonné l'vn à l'autre, & qu'vn tout ne ſubſiſte qu'en ce que ſes parties, les moins dignes ſont ſoûmiſes de proche en proche aux plus dignes, auſquelles elles ſont alliées. La nature, qui eſt vniforme par tout, a ſuiuy le meſme ordre en la ſocieté de l'homme auec l'homme; car apres qu'il fut aſſeuré de ſa vie, de la pureté

de son lict, de la joüissance de son
bien, & qu'il se veid garanty du
mal que peut causer le faux tesmoignage sous les defenses de ne
commettre pas vne de ces choses,
qui furent trouuées si conformes
au sens commun, qu'on en conuint vnanimement sous l'autorité
de celuy, qui dans vne confusion
publique fut le premier qui re-
presenta la necessité de les esta-
blir.

Il fallut en suitte aduiser aux
moyens de rendre non seulement
ces loix inuiolables au dedans,
pour ne retomber pas dans la premiere confusion , mais asseurer
aussi l'Estat au dehors contre l'in-
uasion des peuples qui n'estoient
point encore en societé. Ce fut
donc vray-semblablement en ce
besoin

befoin commun, que ceux qui fe
trouuoient auoir affez de capacité
pour appliquer à l'vfage de la vie
ciuile ces premieres loix, aufquelles en effet fe peut rapporter mediatement ou immediatement,
comme à vne fource commune,
tout le commerce de l'homme
auec l'homme. Et que ceux auffi
qui fe fentoient auoir affez de force & de vigueur pour employer
leur vie, par la voye des armes, à
leur defenfe propre & à celle de
leurs concitoyens, fe prefenterent à la communauté pour cét
effet. La propofition de rendre
ce feruice public fut efgalement
bien receuë du Prince & du peuple; du Prince, qui fe voyoit par
ce moyen fortifié de deux fortes
d'adjoints, qui luy eftoient abfo-

O

luëment neceſſaires pour la conduite & pour la ſeureté de l'Eſtat,
ſous ſon autorité ; & du menu
peuple auſſi, qui ſe trouuoit en ce
faiſant deſchargé du poids de la
guerre, & du ſoin de l'interpretation & de la manutention des loix,
qui ſont charges penibles & pe-
rilleuſes deſquelles il ſe ſentoit incapable.

Il y a quelque vray-ſemblance
que ces deux corps, de l'vn deſquels eſt compoſé celuy de la Iuſtice, & de l'autre celuy des gens
de guerre, ſe formerent ainſi ; &
que ceux qui ſe trouuerent capables d'entrer en la compoſition
de l'vn & de l'autre, ſe rallierent
enſemble, comme font naturellement toutes les parties homoge-
nées, qui ont quelque conuenan-

ce entr'elles. Car de s'imaginer
que cette élection se soit faite par
la nomination du Prince, ou par
les suffrages du peuple, il n'y a aucune apparence ; d'autant qu'à la
naissance des loix, quand le premier ralliement se fit, le merite &
le talent particulier d'vn chacun
ne pouuoit pas encore estre reconnu.

I'ay dit cy-dessus que tout ce
qui se passe en la vie ciuile (ie laisse à part le droit diuin) se pouuoit
mediatement ou immediatement
reduire sous l'estenduë de ces quatre premieres defenses.

Qu'ainsi ne soit, sous celle de
ne point tuër est comprise toute
sorte de violence faite contre le
corps de la personne ; toute bles-
seure, toute injure qui oste la re-

putation, l'honneur de l'homme luy eſtant plus precieux que ſa vie, & finalement tout excez, quel qu'il ſoit, qui peut cauſer à celuy qui le fait, ou qui le ſouffre, vne maladie mortelle.

La ſeconde defenſe, en nous aſſeurant qu'il ne s'eſt commis aucune ſoüilleure en noſtre mariage, nous donne vne certitude que nos enfans ſont legitimement à nous; d'où procede naturellement vne obligation de les eſleuer, de les faire inſtruire, de les marier, de les doter, de leur laiſſer noſtre patrimoine, de le leur partager, & de les pouuoir exhereder; qui ſont autant de ruiſſeaux differens, qui tirent leur origine de cette defenſe, qui ſeroient troublez s'il y auoit eu quelque

foüilleure en leur source qui leur
est commune. Sous ce mesme
chef se reduit aussi tout ce qui dépend du diuorce, & tous les droits
que peuuent pretendre les veu-
ues.

Sous la troisiesme defense, qui
est de ne point desrober, est compris tout attentat sur le bien d'autruy, quel qu'il soit ; toute retention de debtes, de deposts, de
droits du Roy, qui sont legitimement deus ; toute retention de
gages & de salaire ; toute concus-
sion & tout gain, de quelque nature qu'il puisse estre, où la bonne foy n'est pas gardée.

Le faux tesmoignage comprend
sous soy toute detraction, toute
calomnie, & rend le criminel res-
ponsable deuant Dieu, & les hom-

mes de toute l'injuſtice qui s'eſt faite à cauſe de ſon faux teſmoignage.

Ainſi nous voyons qu'il y a peu de choſes dans le droit ciuil qui n'ait ſa dépendance de quelqu'vn de ces commandemens ; de l'inexecution deſquels ſont auſſi procedées toutes les loix peinales. Que ſi leur reduction à l'vn, ou à l'autre de ces chefs, n'a pas eſté d'vn petit trauail aux premiers Legiſlateurs, elle n'a pas eſté moins perilleuſe quand il a fallu faire obſeruer la peine de leur tranſgreſſion à vn peuple qui paſſoit tout fraiſchement du deſordre à l'ordre, & d'vne vie tumultueuſe & diſſoluë, à vne vie reiglée, à laquelle il ſe voyoit obligé de s'aſſujettir. Quoy que nous ne

fçachions que par conjecture ce
qui s'eſt fait à la naiſſance des premieres loix, l'hiſtoire que nous
en auons, en nous donnant quelque indication du paſſé par le preſent, nous fait voir qu'elles n'ont
pû s'eſtablir ny ſe maintenir ſans
que le Legiſlateur n'ait couru
beaucoup de peril. L'eſtabliſſe-
ment de celles de Lycurgus ne ſe
pût faire que par la perte de l'vn
de ſes yeux, leur maintien cou-
ſta la vie à Agis & à Cleomenes.
Solon, en voulant fouſtenir les
ſiennes, fût reduit à vne fuite honteuſe de la place publique en ſa
maiſon. La vie du jeune Caton a
eſté plus ſouuent en danger dans
les aſſemblées de villes qu'elle ne
l'a eſté dans les armées, pour la
defenſe des loix de ſon païs. Pho-

cion, pour le mefme fujet, fut exe-
cuté à mort par la voix d'vn peuple duquel il auoit commandé les
armées l'efpace de plus de cinquante ans. Ie puis adjoufter à
tous ces exemples illuftres celuy
de feu M. le Garde des Sceaux
Molé, lequel eftant premier Prefident a expofé fa vie en diuerfes
occafions pour le maintien des
loix de l'Eftat. Tout Paris eft tefmoin, que fa refolution dans cê
peril, a fouuent fait changer les
volontez d'vn peuple feditieux
qui l'attendoit à la fortie du Palais pour le maffacrer; & qu'apres
s'eftre ouuert le paffage luy-mefme, faute d'huiffier, au trauers
d'vne foule tumultueufe de peuple, fe faire, auec vn vifage affeuré, conduire refpectueufement

jufques dans fa chambre par ceux-
là mefme qui s'eftoient affemblez
pour le tuër.

Nous voyons en tous ces exemples combien a efté penible la di-
geftion des loix en leur ordre, &
combien le foin de les faire bien
obferuer a efté perilleux à ceux
qui en ont fait la profeffion. Que
fi l'on confidere auffi à combien
de maux les gens de guerre font
fujets, au froid, au chaud, à la
faim, à la foif, à fe retrancher, à
camper, à veiller, à marcher jour
& nuict, à eftre fous les armes, &
fur leur garde à toute heure pour
la feureté publique, il femble
qu'il y ait quelque forte d'equité
que ceux qui fouffrent toutes ces
incommoditez pour en exempter
leurs concitoyens, meritent de

tenir au deſſus d'eux le premier
rang.

En effet, le peril & le trauail
d'vn homme de Iuſtice eſt beaucoup moindre & moins ordinaire
que ne l'eſt celuy d'vn homme de
guerre ; attendu que le dernier,
outre toutes les peines ſuſdites,
eſt obligé de s'expoſer ſouuent au
danger d'eſtre tué, ou fait priſon-
nier, pour conſeruer le bien, la
vie, & la liberté publique ; ce qui
ne peut arriuer à l'homme de Iuſtice, que dans vne ſedition populaire.

Ce n'a donc pas eſté ſans raiſon
qu'on a deferé le rang le plus noble à l'homme de guerre ; parce
que, comme il n'y a point vn plus
grand bien ſelon nature, que celuy de la liberté, on a eſtimé que

ceux-là qui d'eux-mesmes ont les
premiers déuoüé leur sang pour
conseruer celuy du public, meri-
toient aussi, selon la mesme nature, les premieres places d'honneur dans l'Estat.

Mais voicy apparemment comme s'est faite la jonction de ces
deux professions : L'homme de
Iustice se voyant esloigné d'vn degré d'honneur de l'homme de
guerre, se proposa, pour se rendre
son égal, de se faire homme de
guerre aussi. En effet la science de
bien faire toutes les fonctions mi-
litaires, & celle de la Iustice, qui
consiste à bien resoudre & à bien
discuter vne affaire selon l'interpretation des loix, ne sont point
incompatibles; parce que l'vne &
l'autre fonction ne se font que par

le moyen du bon fens, qui eſt vne
reigle applicable à toutes ſortes
de profeſſions. La poſſibilité de
l'vn & de l'autre employ dans vne
meſme perſonne, nous a eſté repreſentée en quelque façon par
les Poëtes anciens ſous le nom de
Pallas, qu'ils reconneurent pour
eſtre la Deeſſe de la prudence politique & de la guerre. La Fable,
en la faiſant ſortir armée du cerueau de Iupiter, qui eſt le lieu où
reſide le jugement, nous a enſeigné que l'effet d'vn bon conſeil,
& de ſon execution, n'ayant qu'vn
ſeul & meſme principe, ſe pouuoit accomplir conjointement
par vne meſme perſonne.

L'exercice de ces deux profeſſions enſemble a eſté pratiqué
dans tous les Eſtats qui ont eſté

le mieux reiglez. Moyſe fut le
Capitaine & le Legiſlateur du peuple d'Iſraël ; quand il eſleut des
hommes vertueux , craignant
Dieu, veritables, & haïſſant l'auarice , & les conſtitua Princes ſur
milliers, centaines , cinquantai-
nes, & dixaines d'hommes. Il con-
fera à chacun d'eux non ſeulement le pouuoir de juger les differends de ceux qui eſtoient ſous
leur charge, mais auſſi vne autorité militaire ; parce que leur reduction par decuries, eſcoüades,
compagnies & regimens, eſt vne
repartition de milice, où le commandement eſt fort abſolu , &
l'obeïſſance tres-exacte ; outre
que le peuple de Dieu marcha
toûjours dans le deſert, & campa
en corps d'armées, où les officiers

exercent l'vne & l'autre jurisdi-
ction. Apres la mort de Moyse,
Iosué eut la mesme autorité, &
ceux qui jugerent le peuple apres
eux, estoient ceux-là mesme qui
le menoient au combat.

Nous apprenons de l'histoire
Grecque, qu'en toutes leurs Republiques, ceux qui estoient employez au conseil des affaires,
l'estoient au commandement des
armées. Entre les Romains, les
jeunes gens passoient de la milice
au barreau, & du barreau à la milice. Les personnes de qualité
exerçoient tantost l'vne & tantost
l'autre profession ; ils alloient du
Senat à l'armée, & de l'armée au
Senat, pour consulter ou pour
commander successiuement où
ils se trouuoient : Tel estoit vne

année Colonel de la caualerie,
Meſtre de Camp, Lieutenant, ou
General d'vne armée, qui l'année
ſuiuante faiſoit la fonction de
Lieutenant ciuil ou criminel, de
grand Voyeur, de Tribun du peuple, d'Intendant ou Controolleur
des Finances, ou de ſimple Con-
ſeiller d'Eſtat.

Finalement dans ce Royaume
les noms de Conneſtable, de Mareſchaux de France, de Ducs,
Pairs, Marquis, Comtes, Barons,
Baillifs, Seneſchaux, Preuoſts, ont
eſté, & quelques-vns le ſont encore, titres de juriſdiction, comme
de dignité, ſous le nom deſquels
nos Roys confererent le premier
degré d'honneur, qui eſt celuy de
la Nobleſſe, à ceux de leurs ſujets
qui en firent les premieres fonctions.

Mais comme toutes chofes font dans vne perpetuelle reuolution, il eſt arriué dans la ſuitte du temps que ſur le declin des Eſtats de la Grece, les Orateurs ſe meſlerent ſimplement de haranguer le peuple touchant le gouuernement public, ſans aller à la guerre. Et qu'à Rome, ſous les Empereurs, ceux du Senat n'eurent plus d'autre employ que celuy de l'expedition des affaires & de l'interpretation des loix ; & qu'auſſi les Grands parmy nous, pour s'employer entierement aux fonctions de la guerre, quitterent le droit de juriſdiction qu'ils auoient ſur leurs tenanciers, & ſur leurs vaſſaux, & le transfererent à quelques perſonnes qui leur eſtoient ſoûmiſes & inferieures.

Ce

Ce fut alors que la profeſſion de la Iuſtice ſe trouua rabaiſſée d'vn degré au deſſous de celle qui ſe conſerua l'employ le plus noble, qui eſt celuy des armes.

Tout autant de temps que ces deux profeſſions ſe ſont exercées conjointement, il eſt certain que celle de la Iuſtice ſe faiſoit auec plus de dignité, parce qu'elle retenoit encore de celle des armes ie ne ſçay quelle audace, qui luy donnoit plus de luſtre & d'autorité. Mais depuis que la Nobleſſe a dédaigné d'exercer cette fonction, & qu'elle a paſſé en d'autres mains qui ont eſté mercenaires, on a veu qu'elle s'eſt peu à peu inſenſiblement auillie. Les premiers Iuges, outre la connoiſſance des armes qu'ils auoient, & des

P

affaires d'Eftat, auoient le pouuoir
de refoudre les difficultez du
Droit; d'y adjoufter ce qui eftoit
obmis, & d'en retrancher ce que
l'abus y auoit introduit. Les der-
niers en ont troublé la fource,
quand ils ont affujetti l'équité des
loix fous de certaines formes de
pratiques qui les ont corrompuës.
Et auffi quand ils ont permis que
le corps du Droit, qui nous a efté
donné fi net & fi bien interpreté
par les anciens Iurifconfultes, ait
efté chafourré de glofes imperti-
nentes plus obfcures que le texte,
& tellement furchargé de cas &
d'incidents, qui n'arriuent jamais,
qu'il femble que les decifions, qui
font nées de cette confufion, ne
font rien autre chofe que playes
& bleffeures faites fur l'integrité

du corps des loix, qui pour eftre
bien eftablies ont befoin feulement d'eftre le plus qu'il fe peut
conformes à la fimplicité de nature. Ainfi il ne fe faut point eftonner fi la fonction de la Iuftice,
apres fon diuorce d'auec celle des
armes, à efté reduite auec le tiers
Eftat, comme ayant dérogé à la
nobleffe de fon premier employ.

CHAPITRE XIII.

QVE LA LOY HVMAINE a precedé la loy diuine. Des efgaremens de l'efprit de l'homme en la recherche de Dieu. Et des premiers commencemens de l'idolatrie.

DANS la definition que j'ay donnée de l'Eftat Monarchique, j'ay dit que c'eftoit vne focieté de plufieurs perfonnes viuant enfemble reduite par familles, villages, villes & Prouinces, fous le refpect d'vn deuoir mutuel, & fous l'vnité d'vne loy humaine & diuine. Ie mets la loy humaine auant la diuine, d'autant que l'homme n'a pû viure en focieté (comme ie l'ay remarqué cy-deuant) qu'il ne fuft auparauant conuenu auec fes affociez, que l'vn ne feroit point à l'autre ce qu'il ne voudroit point luy estre fait, qui est vne loy purement humaine, qui ne regarde que l'intereft de l'homme auec l'homme ; de laquelle loy les defenfes de ne commettre point d'homicide, d'adultere, de larcin, ny de faux tefmoignage, ne font qu'autant de dependances.

En effet, fi ces quatre commandemens, qui ne font deuenus de droit diuin, que depuis que la loy écrite nous a efté donnée, eftoient exactement gardez, il eft certain que leur feule obferuation fuffiroit à l'homme pour viure en focieté, fans auoir befoin de la connoiffance de Dieu, non plus que tous les autres animaux, qui font tellement fociables, que s'il arri-

P iij

ue entr'eux quelque sedition pour
contenter quelque appetit de leur
sens, leur societé ne se trouble
que pour vn petit instant seulement, sans souffrir vne plus longue interruption.

Mais d'autant que toutes sortes d'animaux, à la creation desquels ont esté simplement employées la terre & l'eau, n'ont eu
besoin pour viure ensemble & se
conseruer, que de ce qui est produit par ces deux elemens; & que
l'homme, qui est l'ouurage de la
main & du souffle de Dieu, a esté
creé pour vne fin beaucoup plus
noble, laquelle consiste en la connoissance de son principe, il a esté
obligé de rechercher quel est ce
principe, quelles sont les voyes
qu'il faut tenir pour aller à luy,

& apres les auoir trouuées de les
fuiure. Mais certes cette recherche de Dieu, & de fes voyes, a efté
fi obfcure & fi fombre au commencement du monde, qu'il ne
fe faut point eftonner fi l'homme
a fait mille efgaremens & mille
fauffes routes auant que de la rencontrer; tefmoin toutes les fauffes religions & fabuleufes diuinitez qui ont efté reuerées au temps
paffé, & le font encore prefentement en quelque partie du monde.

Durant cette commune ignorance qu'on eut de la Diuinité,
les Hiftoires anciennes nous apprennent que les premiers conquerans eftant deuenus infolens
pour s'eftre affujettis leurs voifins, s'imaginoient que comme

ils auoient eu plus de puiſſance qu'eux, il y auoit en eux auſſi quelque choſe de plus conſiderable; ce qui leur donna la preſomption de ſe faire rendre quelque reſpect plus qu'humain. Et d'autant qu'ils ne pouuoient pas receuoir en perſonne cét honneur dans toutes les Prouinces de leur Eſtat, ils y enuoyerent leur image peinte, ou en boſſe, auec ordre qu'on euſt à la reſpecter aux lieux où elle ſeroit poſée. Les grands y obeïrent par complaiſance, pour eſtre agreables au Prince, & les petits par crainte, ou par imitation.

Nous trouuons dans la Sapience de Salomon, chap. 14. vne autre raiſon de cét abus; à ſçauoir, Qu'vn Prince affligé de la mort de ſon fils, commanda que pour

en conseruer la memoire, on en
fist le portrait ; & que ses sujets
luy fissent des sacrifices comme à
vne Diuinité. Depuis ce mesme
honneur fut transferé du portrait
du fils au portrait du pere quand
il fut mort, dont la coustume fut
successiuement obseruée de Prince en Prince, en faueur du dernier
mourant, comme si c'eust esté
vne loy du pays. Et afin que ceux
qui se trouuoient esloignez de la
Cour ne fussent pas dispensez de
ce mesme deuoir, on leur enuoya
dans les Prouinces l'image du
Prince, à laquelle on estoit obligé de rendre les mesmes respects
comme s'il y eust esté present.
Enfin l'excellence de l'artisan,
qui n'oublia rien pour bien re-
presenter & enrichir cette ima-

ge, ayda fort à cette idolatrie. Le
menu peuple ayant efté aifément
attiré par cette belle reprefentation à reconnoiftre quelque
chofe de plus qu'humain dans
vne image de pierre ou de fonte
qu'il voyoit auoir efté fi bien mife en œuure.

La plus apparente opinion de
la naiffance de l'idolatrie, felon
mon aduis, eft que le premier
abus qui s'eft commis contre le
vray culte de Dieu, foit procedé
de ce qu'au commencement du
monde les hommes y eftant venus fans fçauoir aucun art ny aucun meftier, fe trouuerent def-
pourueus de toutes les commoditez de la vie. Ceux donc qui les
premiers inuenterent les moyens
de fubuenir aux neceffitez com-

munes , comme d'auoir foin du
beftail , de labourer la terre , de
la femer, de planter la vigne, & de
la cultiuer, qui furent Cerés &
Bachus , receurent les premiers
honneurs diuins. A ceux-cy fuc-
cederent ceux qui purgerent le
monde de tyrans & de monftres,
comme firent Hercules & quelques autres Heros. Et finalement
ceux qui difpoferent les hommes
à la vie ciuile , & leur donnerent
des loix capables d'entretenir leur
focieté , comme furent celles de
Minos, le plus ancien de tous les
Legiflateurs profanes, qui furent
trouuées fi equitables parmy les
viuans, que mefme apres fa mort
il fut eftimé dans les enfers eftre
le juge & l'arbitre des peines &
des recompenfes des morts.

Il eſt donc bien plus vray-ſemblable que les hommes ayent eu plus de diſpoſition à deferer des honneurs diuins à ceux qui ont inuenté les arts, & leur ont appris à viure enſemble ſous l'obeïſſance d'vne loy qui a rendu paiſible leur ſocieté, qu'à ceux qui les ont exigez par violence, comme on dit que Belus, Niuas, & quelques autres conquerans ont fait. La fumée de l'encens qui bruſle gratuitement ſur l'autel en reconnoiſſance de quelques bien-faits receus, a quelque choſe en ſoy de bien plus doux, que celle d'vn encens qui eſt jetté par crainte & par force dans le feu. Ce dernier pouſſe vne vapeur aſpre & fâcheuſe, qui contriſte autant le cerueau de celuy qui l'allume, que l'autre,

qui eſt volontaire & gratuite, le
conforte & le reſigne.

La gratitude eſt ſi naturelle à
l'homme, que l'enfant donne les
premieres preuues de la ſienne à
ſa nourrice quand il la careſſe de
la main eſtant attaché à ſon tetin,
ou quand il ſoûrit, ou qu'il ſe
joüe auec celuy qui le deſennuye.
Nous voyons en ſuitte qu'à la ſortie de ſon enfance ſes premieres
affections ſe donnent à ſon bien-
facteur, & que ſi-toſt qu'il eſt
homme fait, & que le reſſentiment d'vn plaiſir qu'il a receu
commence à eſtre fortifié de ſa
raiſon, c'eſt alors que la nature
deſploye toutes ſes puiſſances,
pour ne paroiſtre pas ingrate enuers luy; parce qu'il penſe non
ſeulement à ſe deſ-obliger, mais il

veut à son imitation estre bien-
faisant comme luy.

C'est pourquoy l'on ne peut
douter qu'apres les aduantages
que receurent les hommes de l'institution de cette premiere loy
naturelle, de mesurer autruy par
soy-mesme, qui est la source & la
mere nourrice de toutes les autres
loix, l'on ne soit aisément conuenu, non seulement de quitter le
premier rang à son instituteur,
mais aussi de luy rendre tous les
tesmoignages de gratitude desquels on se peut auiser; parce qu'il
n'y a point de bien-fait, tant petit
soit-il, qui n'excite dans l'ame de
celuy qui le reçoit quelque mouuement de reconnoissance. Et
d'autant que le principe de ce
mouuement interieur de l'ame

est immateriel & mental simplement, & qu'il a fallu le rendre intelligible à celuy qui l'excitoit par
quelque signe exterieur & sensible, le Sage a introduit pour cét
effet les inclinations du corps, les
genuflexions à l'abord de celuy
qu'on respecte, les acclamations
de joye quand il sort en public,
& la sujettion de se tenir descou-
uert & debout en sa presence;
toutes lesquelles choses sont autant de marques exterieures de reconnoissance, qui expriment le
sentiment interieur & la soûmis-
sion de celuy qui les rend enuers
celuy qui les reçoit.

L'illusion de tous ces honneurs
rendus fit auoüer aisément à celuy qui les receuoit, qu'on deuoit
encore plus a son merite, tant est

infinuant & fubtil le venin de la
flatterie & celuy de la complaifan-
ce de foy-méme; de forte qu'eftant
infatué de ce doux poifon, il eft
vray-femblable qu'il confentit
non feulement qu'on luy erigeaft
des autels, mais qu'il voulut auffi
que fa ftatuë en fon abfence fuft
reuerée comme fa perfonne. Tels
ont efté les premiers fondemens
de l'idolatrie, qui eft plus ancienne que le vray culte de Dieu,
comme les mauuaifes mœurs font
plus vieilles que leur reforma-
tion. Mais depuis qu'on eut confideré que l'homme qu'on reue-
roit eftoit mortel, que fa memoire s'éuanoüiffoit peu à peu
comme vn beau fonge; & que les
ftatuës qu'on luy auoit erigées fe
moififfoient, & tomboient par
morceaux

morceaux auec le temps, on s'apperceut qu'on s'eſtoit abuſé, &
qu'il falloit reuerer quelqu'autre
nature plus puiſſante, qui ne fuſt
point ſujette à toutes ces muta-
tions.

Apres qu'on eut fait vne reueuë
ſur toutes les choſes qui tombent
ſous les ſens de l'homme, on trouua qu'il n'y auoit rien icy bas de
plus agiſſant, ny de plus neceſſaire
pour toutes les commoditez de la
vie que le feu. Que ſans ſon ayde
tout ce qui peut ſeruir à l'vſage &
à la nourriture du corps, ne ſe peut
ny appreſter, ny aſſaiſonner, on
veid que la fonte du fer & de l'airain, de laquelle toutes ſortes
d'arts mechaniques ont beſoin,
ne ſe pouuoit faire ſans feu; que
ſa preſence nous donnoit vn autre

Q

jour en esclairant les tenebres de
la nuiƈt, qui estoit prolonger nostre vie en quelque façon, & que
la chaleur naturelle n'est qu'vn
feu subtil qui viuifie toutes les
parties du corps. Toutes ces raisons obligerent quelques-vns des
anciens de reuerer le feu comme
vne Diuinité familiere sous les
noms de Lares & de Penates, ausquels ils firent vne niche dans le
coin de leur foyer, en reconnoissance des biens qu'ils en rece-
uoient, & pour s'imposer aussi la
necessité de viure plus respeƈtueu-
sement, estant assemblez en ce
lieu-là, qui est la place la plus ordinaire où se fait le r'alliement de
toute la famille.

L'homme donc estant encore
en famille, fut en quelque sorte

excufable de reuerer en fon foyer
vne puiffance , fans laquelle il
fembloit qu'il ne pouuoit joüir
des autres commoditez de la vie;
Mais quand il fut reduit fous la
communauté d'vn Eftat où tout
fe faifoit auec ordre par l'autorité
du Prince & de la loy, & qu'il eut
veu qu'vn amas de plufieurs familles differentes fe maintenoit
auec fi peu de confufion, qu'on
euft dit que ce n'eftoit qu'vne feule famille affujettie fous vn mefme deuoir, ce fut alors qu'il reconnut qu'il y auoit quelque autre Diuinité plus puiffante que
celle du foyer, qui fut appellée
Tutelaire par quelques-vns des
Anciens, en donnant le nom de
la caufe à l'effet. Les vns pour
s'accommoder à la foibleffe du
Q ij

peuple, qui veut des Dieux naturels, la repreſenterent ſous vne
forme humaine, comme fut le
Palladium des Troyens ; mais les
plus ſages voulurent que cette Diuinité tutelaire fuſt toute ſimple
& toute ſpirituelle, ſans auoir ny
forme, ny ſexe, ny aucun nom.
Toutefois pour contenter le menu peuple, qui ne croid point de
Dieux que ceux qu'il void & qu'il
touche, on luy fit croire qu'on
ne pouuoit donner de nom propre à cette Diuinité ſans ſacri-
lege, & ſans la profaner ; & que
meſme on n'oſoit en faire la repreſentation ſous aucune forme,
de peur qu'elle ne fuſt attirée par
enchantemens des peuples voiſins pour en auoir la protection
au lieu d'eux.

De toutes les opinions qu'ont
eu les anciens de la Diuinité, il
n'y en a point eu qui ait esté plus
conforme à la nature de Dieu,
que celle qu'ils ont appellée Tutelaire, veu la simplicité de son
essence. Mais comme il n'y a point
de creance qui soit plus vniuerselle que celle de Dieu, ny de connoissance qui soit plus obscure à
l'homme que celle de son essence ; son incapacité de la reconnoistre a esté cause de tous les es-
garemens qu'il a faits, quand il
s'est formé tumultuairement vne
infinité de Dieux au lieu d'vn.
Qu'aux vns il leur a donné leur
departement au ciel, en la terre,
aux abysmes, & sur l'eau. Qu'il a
voulu que les autres ayent eu l'in-
tendance du jour, de la nuict, des

arts, des sciences, du trafic, des
mariages, des enfantemens; &
mesme quand son aueuglement
a esté si grand que d'auoir basty
des temples à ses maladies & à ses
propres passions.

✳✳✳✳✳✳✳✳✳✳✳✳✳✳✳✳✳✳✳✳✳✳✳✳✳✳

CHAPITRE XIV.

DIEV FVT PEV CONNV AV commencement du monde. On le connoiſt en deux manieres ; dont l'vne eſt intellectuelle, & l'autre ſenſible. Il n'y a rien en la Loy Chreſtienne morale qui ne ſoit conforme à nature.

QVAND ie conſulte les ſain-tes Lettres, ie trouue que dans vn nombre d'hommes & d'années preſque infiny, il n'y a eu auant le Deluge qu'Abel, & les maiſons d'Enoch & de Noé; & depuis le Deluge, que celle d'Abraham, qui ayent eu quelque connoiſſance de Dieu. Si d'ail-leurs auſſi ie conſulte l'Hiſtoire profane, ie trouue qu'il n'y a au-cune ſorte de crime, comme de parricide, de felonnie, d'inceſte,

Q iiij

d'adultere, & de mauuaife foy, qui n'ait efté commis par les Dieux des Gentils; & que par con- fequent il a fallu que les premie- res Diuinitez qu'ils ont reuerées ayent efté fauffes : ce qui me don- ne fujet de croire que l'enfance du monde s'eft paffée fans qu'on ait reconnu que bien peu la diuinité de celuy qui en a efté le Createur; & que, quoy que les femences de fa connoiffance naiffent naturel- lement en l'homme, elles n'ont pas laiffé d'auoir eu befoin, com- me les autres femences, d'vn cer- tain temps pour jetter leurs raci- nes, fe meurir & s'affaifonner auant que de produire aucun fruict.

Si quelqu'vn vouloit douter que la connoiffance de Dieu ne

fuſt pas naturelle à l'homme, il
en peut eſtre eſclaircy par ces paroles de ſaint Paul, en ſon Epiſtre
aux Romains, quand il dit que
l'ire de Dieu ſe fait voir du Ciel
ſur l'impieté de ceux qui veulent
malicieuſement ſupprimer cette
verité, qu'il y ait vn Dieu, veu
qu'elle leur a eſté manifeſtée de
Dieu meſme.

Cette connoiſſance, qu'il y ait
vn Dieu, ſe forme en nous en deux
manieres, dont l'vne eſt intellectuelle, & l'autre eſt ſenſible. L'intellectuelle nous eſt repreſentée
par cette lumiere de laquelle parle ſaint Iean, qui illumine tout
homme en venant au monde; car
comme le Soleil ne ſe void que
par le Soleil, Dieu ne ſe connoiſt
que par luy-meſme; & comme

l'air interne enfermé dans noſtre aureille, ne fait ſon impreſſion au dedans de noſtre ouïe, que par le battement de l'externe qui le frappe ; ainſi le rayon diuin qui s'allume en nos ames par vne forte meditation enuers Dieu, n'eſt excité que par la contiguité que nous auóns auecques luy.

En effet, eſt-il poſſible que le trait du pinceau de Michel Ange, ou du Titien, qui ne ſont plus, les faſſe encore reconnoiſtre dans vn tableau qui eſt fait de leur main, & que celuy d'vn Dieu eternel ne laiſſe aucune impreſſion qui le puiſſe repreſenter dans l'homme qu'il a fait à ſon image. La repreſentation de Dieu qui eſt en nous, s'y doit encore mieux conſeruer, que ne fait celle du pere en ſa poſterité.

De ce principe procede le respect interieur de l'homme bien
viuant enuers soy-mesme, qui
craint de souiller, par aucune sale
pensée, ny parole, ny action, l'auguste majesté de son ame, qu'il
reuere comme vne image de Dieu
qui est en luy. De là se forme nostre pudeur, qui sous vn leger
soupçon d'auoir failly, ne nous
permet pas de souffrir la presence
des autres hommes, ny la nostre
mesme, sans rougir, comme si
nous reconnoissions en eux & en
nous quelque chose de diuin que
nous sommes obligez de reuerer.
Cette mesme presence de Dieu
qui est en nous, exige d'vne conscience criminelle ce remords
cuisant, qui accuse, qui condam-
ne & punit interieurement le cou-

pable, quand mesme il seroit hors
de l'apprehension d'en estre cha-
stié par les loix. Finalement la sa-
tisfaction interieure qu'on a d'a-
uoir bien vescu, ne procede que
de ce que nous sommes persuadez
que la presence de Dieu qui est en
nous a esté la confidente & la con-
seillere de l'integrité de nostre
Dieu.

Ce respect de l'homme enuers
soy-mesme, que n'ont point les
autres animaux, n'est fondé que
sur l'affinité qu'il a auec Dieu, à
l'image duquel il n'y a que luy
seul qui soit fait, que luy seul qui
l'adore d'affection, de gestes & de
parole; que luy seul qui luy fasse
des sacrifices, qui luy bastisse des
Temples & des Autels. C'est par
ce moyen qu'il le reconnoist com-

me son principe, qu'il le defere &
tend à luy comme à sa fin, qu'il
l'honore comme son Pere, qu'il le
craint comme son Seigneur ; &
que mesme le mescreant qui ne le
veut pas reconnoistre, soit contraint, malgré son desadueu, d'a-
uoir au moins quelque soupçon
qu'il y a vn Dieu. Car encore que
Dieu, soit tout esprit, & que par
consequent nos yeux ne le puis-
sent voir, toutes les creatures vi-
sibles qu'il a produites par sa puissance, & qu'il conserue par sa
bonté, sont autant de miroirs
transparans, dit l'Apostre, au trauers desquels nous le pouuons
pleinement contempler: Le texte
de cette Epistre porte, *intellecta*,
& non pas *intellectu*, pour signi-
fier que cette Intelligence est en

nous comme fi elle y eftoit innée, & non pas qu'elle procede
d'vn acte de l'entendement. Outre cette connoiffance qui nous
eft naturellement infufe, ce mefme rayon qui fort de la Diuinité,
quoy qu'inuifible, nous fert au
dehors de flambeau pour defcou-
urir Dieu vifiblement en toutes
fes œuures.

Entre toutes les chofes creées
qui font fenfibles, il n'y en a pas
vne feule qui nous le reprefente
mieux que la lumiere. Il n'y a rien
de plus pur ny de plus fubtil qu'elle; elle fe dilate pleinement, aifément, & dans vn inftant; fa rencontre eft fauorable par tout, &
fi falutaire, qu'elle ne penetre aucune chofe fans la conforter, la
fomenter, & la viuifier. Elle eft fi

reünie en foy, que quoy qu'elle
fe refpande fur toutes chofes, elle
n'en reçoit ny meflange ny foüilleure, ny contagion; elle eft ineffable & indefinie; il n'y a rien de
fi clair ny de fi obfcur qu'elle; ny
rien de plus ny de moins connu.
Toutes ces conditions conuiennent tellement à la nature de
Dieu, qu'vn Philofophe Platoni-
cien a ofé dire que l'acte de la lumiere eftoit vne image tranfpa-
rante de l'Intelligence diuine,
comme le rayon vifuel qui brille
dans l'œil eft la reprefentation de
la veuë.

Comme Dieu eft auteur de
toutes chofes, il fe fait connoiftre en tout & par tout, & fi on le
peut dire, il fe laiffe toucher à nos
fens; fon image vient fi vifible-

ment à noſtre rencontre , que nous ſommes contraints de l'enuiſager. Il ſe preſente à nous dans les Cieux, où le mouuement de tous les Aſtres, qui conſeruent auec tant de juſteſſe leur ordre & leurs diſtances en leur reuolution, font voir qu'il faut qu'il y ait vn Moteur, qui compaſſe & donne le branſle à cette cadence celeſte. Ce Meteore eſt celuy-là meſme qui retient la mer dans ſes bornes ; qui ſouſtient en equilibre le poids & la ſolidité de la terre au milieu du vuide. C'eſt luy qui ſe meut eſtant fixe auec tout ce qui ſe meut, & quoy qu'inuiſible, qui ſe deſcouure en toutes choſes. C'eſt luy qui vit en toy, qui tend & fait ployer tes nerfs, tes muſcles & tes ligaments ſelon

ton

ton besoin ; qui a remply tes veines de sang, endurcy tes os ; qui
a ouuert ton corps, & fait ta peau
transpirable pour vuider tous ses
excremens ; qui a compassé tous
tes membres auec mesure, & leur
a donné à chacun d'eux leur fonction propre pour le seruice du total. Comme donc il est impossible qu'vne image, quoy qu'ina-
nimée, puisse auoir esté faite sans
artisan, on peut encore moins se
persuader que cette viuante stru-
cture du monde & de l'homme
n'ait pas eu le sien, tant s'en faut
qu'elle puisse subsister sans l'aide
de celuy qui l'a faite ; qu'on pourroit dire plustost que Dieu ne seroit pas eternel s'il n'agissoit toûjours, tant en ce qui est, qu'en
ce qui n'est point, exposant au

R

dehors tout ce qui paroiſt, & ca-
chant en ſoy toutes les choſes qui
ne ſont point encore, & qui doiuent eſtre, afin de ſe rendre toûjours viſible en celles qui naiſſent
de luy ſucceſſiuement.

Certes il n'eſt pas poſſible qu'vne
pareille reflexion ſur toutes les
œuures de Dieu, ſe puiſſe faire
dans l'entendement de l'homme,
que dés le meſme inſtant elle ne
ſoit ſuiuie de ſon adoration, qui
eſt vne certaine ſubmiſſion reſpectueuſe qui s'inſinuë en l'ame,
dont l'émotion eſt ſi ſubite & ſi
ſubtile, qu'encore qu'elle ne ſe
puiſſe exprimer par la parole, elle
ne laiſſe pas neantmoins de ſe faire ſentir au dedans de nous.

Par toutes ces raiſons la connoiſſance de Dieu reluit naturel-

lement en nos ames en deux fa-
çons, tant par vne lumiere intellectuelle qui vient de luy, que par
vne lumiere fenfible qui paroift
en toutes fes creatures ; de forte
que ceux qui ne l'ont point glo-
rifié ny remercié apres l'auoir reconnu, font moins excufables
que ne font les beftes, qui luy
rendroient leur adoration, fi elles
en pouuoient auoir quelque fentiment. C'eft en cela particulierement qu'il n'y a aucune confor-
mité entre la befte & l'homme,
quoy qu'il y en ait en plufieurs autres chofes.

Premierement l'vn meurt &
naift comme l'autre ; la vie vegetante & fenfitiue leur eft également commune ; l'vn & l'autre
eft fçauant en l'art qui luy fait be-

foin, & la befte plus que l'homme ayant en elle-mefme les inftrumens de toutes fes manufactures. Elle eft fociable comme l'homme ; fa voix luy tient lieu de parole pour fe faire entendre, & fon inftinct de raifon, qui eft moins fujette à faillir que la noftre ; fes remedes pour fes maladies font plus certains, & plus certaines fes predictions touchant la difpofition du Ciel, enfin elle eft imitatrice de l'homme en tant de chofes, qu'il ne paroift entr'elle & nous aucune diffemblance qui foit plus apparente qu'en ce qui eft de la connoiffance de Dieu & de la Religion.

Par ce mot de Religion, j'entends le fentiment vniuerfel qui nous eft commun à tous, par le-

quel nous reconnoiſſons qu'il y a
vne premiere cauſe, à laquelle
nous deuons naturellement noſtre amour & noſtre adoration.
En ces deux choſes conſiſte la perfection de l'homme, qui ſeroit le
plus miſerable de tous les animaux, s'il eſtoit vray que la Religion ne fuſt qu'vne chimere, ou
vn vain fantoſme de ſa penſée ;
parce qu'en cette conſideration
il ne renonce pas ſeulement à tous
les plaiſirs de la vie, mais il en embraſſe toutes les mortifications.

Quoy qu'il y ait eu quelques-
vns qui ont voulu ſouſtenir que
la Religion n'eſtoit pas naturelle,
& que ſeulement elle paroiſſoit
de l'eſtre, parce qu'elle ſe ſucce
auec le laict ; par la meſme raiſon
on pourroit dire que le parler, qui

s'apprend dés noſtre enfance, ne
le ſeroit pas non plus ; & neantmoins l'vn & l'autre nous eſt ſi
naturel, qu'il n'y a aucune nation
qui n'ait ſa Religion & ſon langage particulier. La difference de
l'expreſſion de la parole & de l'a-
doration n'empeſche pas que l'vn
& l'autre n'ait ſon fondement en
nature.

Quoy qu'on die, qu'il faut connoiſtre auant que d'aymer, l'eſſence de Dieu nous eſt ſi cachée,
que ſon amour a beaucoup plus
de conuenance & de proportion
à noſtre nature que n'en a ſa connoiſſance. On ſçait bien qu'il eſt
en effet, mais de ſçauoir quel il
eſt, il ne ſe peut. En cela noſtre
connoiſſance eſt imparfaite, & ſi
nous l'aymons tel qu'il eſt, noſtre

amour alors ne laiſſe pas d'eſtre
parfait. Il ne faut qu'vn inſtant
pour l'aymer, parce que noſtre
amour, qui eſt vnitif, nous joint
à luy ſi-toſt que nous l'aymons.
Mais quand il eſt queſtion de rechercher ſa nature, elle ſe trouue
ſi diffuſe & ſi indefinie dans tous
les attributs qui luy peuuent conuenir, que nous ne trouuons plus
rien qui le determine. C'eſt pourquoy il ſe plaiſt beaucoup plus
d'eſtre aymé que d'eſtre contem-
plé; parce qu'en ce dernier il ne
reçoit rien de nous qu'vne recherche vague & indeterminée; & en
l'autre nous luy faiſons vne oblation entiere de nous-meſmes: d'où
il arriue que Dieu ſe donne plûtoſt à ceux qui l'ayment qu'à ceux
qui veulent ſçauoir quelle eſt ſa

R iiij

nature. Quand on l'ayme on agit
felon nature, qui excite chaque
chofe de fe reünir à fon principe;
& l'homme agit contre nature s'il
pretend de reduire vne chofe im-
menfe fous quelque forte de mefure.

Noftre amour & noftre reconnoiffance luy font deus comme à
noftre bien-facteur ; & puifque
nous viuons tous en focieté, &
que les biens qu'il nous fait fe reçoiuent en commun, il eft jufte
auffi qu'il y ait des lieux d'affemblée où noftre remerciement fe
puiffe faire en commun, & qu'e-
ftant compofez d'ame & de corps,
outre l'oraifon mentale qui efleue fpirituellement noftre ame à
Dieu, que noftre bouche s'ouure
pour exprimer par la parole le ref-

sentiment qu'on a de toutes ses
bontez. Que nos yeux se tournent
vers le Ciel, qui est le lieu d'où
nous doit venir le secours ; que
nos aureilles soient ouuertes pour
entendre ses commandemens ;
que nos mains se joignent, & que
nos genoux se flechissent pour
accompagner plus respectueuse-
ment, en qualité de supplians,
l'action de nostre priere mentale
& vocale.

La Religion Chrestienne ob-
serue non seulement toutes ces
choses, mais elle a voulu aussi que
tous les elemens fussent de concert auec elle pour louër Dieu :
Que la terre luy rendist son adoration par vne oblation de ses
fruicts sur l'Autel ; l'eau la sienne
par son aspersion lustrale ; que

l'air beniſſe le Seigneur par le ſon
de la voix, des cloches, & des or-
gues; & le feu par le luminaire
d'vne infinité de cierges & de
lampes allumées. Tous les Commandemens de la premiere & de
la ſeconde table de la Loy, pour
eſtre tous conformes à nature,
ſont encore de ce concert, comme d'adorer Dieu, & le reconnoiſtre ſeul; de s'abſtenir de toute
œuure manuelle le jour qu'on
s'aſſemble pour l'adorer, afin de
le mieux ſanctifier; d'honorer ſon
pere & ſa mere, & ſous ce reſpect
le Prince, l'Eccleſiaſtique, & le
Magiſtrat, qui nous tiennent lieu
de Peres ſpirituels & temporels.
Et finalement d'obeïr aux defenſes de ne point commettre d'homicide, d'adultere, de larcin, ny

de faux tefmoignage, que j'ay fait
voir eftre toutes fondées fur le
droit de nature.

La perfection de la doctrine
Chreftienne, qui nous ordonne
de ne pardonner pas feulement à
nos ennemis, mais de les aymer,
& de leur faire du bien, eft conforme à nature comme le refte.
Nous fommes tous membres d'vn
mefme corps; fous ce refpect, felon nature, nous deuons nous rendre vn acte mutuel les vns aux
autres. Si quelqu'vn me fait vne
injure, & que ie luy en faffe vne
autre, ie me déuoye, comme luy,
du vray fentier de nature, qui veut
que chaque partie confpire au
bien du total. Tout homme mal-
faifant doit eftre reputé comme
vn fou, qui a perdu le fens; quand

il nous frappe, il merite mieux noftre commiferation, que noftre
vengeance. Dans le Paganifme,
Socrate refpondit à quelqu'vn qui
luy confeilloit de fe venger d'vn
autre qui l'auoit frappé : Si vn
mulet, luy dit-il, t'auoit donné vn
coup de dent, le voudrois-tu mor-
dre ? De nos jours le feu fieur de la
Noüe Bras-de-fer ayant receu vn
foufflet par vn Miniftre, dans vne
affemblée qui fe tenoit à la Ro-
chelle, fans s'efmouuoir dauantage luy prefenta l'autre joüe. Ne
permettons pas, en de pareilles
occafions, qu'eftant enfans de la
vraye Eglife, nous foyons moins
fages qu'vn Payen & qu'vn Reli-
gionnaire ne l'ont efté.

CHAPITRE XV.

QV'VN ESTAT NE PEVT ESTRE heureux s'il ne vit sous vne mesme loy diuine. Qu'il n'y en a point de meilleure que la Chrestienne. Qu'il ne faut point disputer de sa verité. Et des maux que cause la diuersité de creance en la Religion.

TOVTE societé a pour sa fin principale de demeurer, de viure & de conuerser ensemble auec plaisir, & pour faire aussi vne ligue offensiue & defensiue contre tout ce qui peut troubler le bien de la communauté. Toutes ces choses sont également communes aux bestes comme à l'homme; elles se plaisent auec celles qui sont de leur espece; elles demeurent & paissent ensemble; elles ont quelque communication

entr'elles par le moyen de la voix,
au defaut de la parole; elles fe def-
fendent de concert , & recher-
chent de compagnie tout ce qui
leur fait befoin, ou qui les peut
contenter. L'homme & la befte
conuiennent en toutes ces chofes, auec cette difference toutefois, que la befte fe les propofe
comme fa fin principale, & l'homme comme des moyens qui luy
font neceffaires pour arriuer à vne
fin plus noble , qui eft celle non
feulement de viure enfemble ,
mais d'y viure felon les reigles de
la vertu.

Pour viure heureufement enfemble en tout Eftat, il faut auparauant conuenir d'vne mefme loy
diuine; parce que tous ceux qui
n'auront pas vne vniformité de

creance en la connoiſſance de
Dieu, & dans les voyes qu'il faut
tenir pour l'adorer, ne s'accorde-
ront jamais bien en l'obſeruation
des loix ciuiles, qui n'en ſont
qu'vne dépendance. La neceſſité
de cette vnion de creance en la
loy diuine, nous eſt aſſez clairement exprimée par ce mot de Religion, qui eſt proprement vn
nœud qui nous eſtraint d'vn meſme lien enuers Dieu, ſous la con-
formité d'vn meſme culte interieur & exterieur en ſon adoration; ſi quelqu'vne de ces conditions luy manque, elle n'eſt plus
Religion.

Celle des Gentils, qui n'ont
point eu d'autre Eſcriture ſainte
que la Fable, ny d'autres Preſtres
ny Docteurs de leur Egliſe, que

les Poëtes, ne merite pas ce beau nom de Religion, veu la diuerſité des Dieux qu'ils adoroient, & les differences de leurs ceremonies exterieures. Ce nom eſt faux s'il ne relie & ne reünit enſemble les eſprits de tous ceux qui en font profeſſion, ſous vn meſme deuoir, dans le ſeruice de Dieu.

I'ay prouué cy-deuant que nous auions tous originairement en nos ames vn petit rayon de la Di-uinité, lequel encore qu'il ne fuſt pas aſſez clair pour nous la deſ-couurir entierement, ne laiſſoit pas de nous faire la guide en ſa re-cherche, quoy qu'elle ſe fiſt le plus ſouuent à taſtons, ou par de fauſſes routes, comme le font ceux qui ſe font eſgarées dans les voyes de le ſeruir, ou ſoit qu'on tienne

tienne vn chemin tout contraire,
comme font les idolatres, les hy-
pocrites, ou les pecheurs endur-
cis, qui par vne vengeance diuine, malgré leur deprauation, ne
peuuent, non plus que les demons, ny oublier Dieu, ny le pof-
feder.

Quoy qu'il y ait vne grande diuerfité de Religions, & qu'il n'y
en ait qu'vne feule qui foit bonne, fi eft-ce qu'on a veu fouuent
l'homme s'expofer à fouffrir le
martyre, ou à le faire fouffrir en
faueur de fon opinion, tant il eft
perfuadé que celle qu'il tient eft
la meilleure; & par ce moyen il
arriue que le corps deuient le ga-
rant d'vne erreur qui n'eft que
dans l'ame feulement.

La Religion Iuifue, efblouïe de

S

ſon ancienne lumiere , perſiſte toûjours en l'attente opiniaſtre de ſon Meſſie. La Mahumetane ne ſubſiſte qu'en l'ignorance aueugle de ceux qui la profeſſent, auſquels il eſt defendu , ſur peine de la vie, d'en douter. Entre les Gentils, Socrate fut condamné pour n'auoir pas voulu croire les fauſſes Diuinitez de ſon temps,

La loy de Dieu, qui eſt le fondement de la loy Chreſtienne, eſt ſi euidente , que quand elle fut donnée au peuple en la montagne d'Oreb , le texte de l'Eſcriture, Exod. 20. porte, *Cunctus autem populus videbat voces* , elle ne dit pas *audiebat*, pour nous faire connoiſtre qu'elle n'a beſoin que de nos yeux pour ſe faire voir, & non pas de nos aureilles , ny de noftre foy pour fe faire croire.

Toute Religion ne peut eftre bonne que fon principe ne foit vn, fimple, eternel & vray, & que les preceptes qu'elle contient ne foient fi conformes à nature, qu'il n'y ait rien en eux qui foit contraire à la loy ciuile, ny au droit des gens. La Religion Chreftienne a toutes ces conditions, elle ne reconnoiſt qu'vn feul Dieu. Depuis fon eftabliffement plus de faux Dieux, plus de vaines illuſions d'oracles, plus de facrifices fanglans d'hommes & de beftes qui faifoient horreur ; plus d'ef-claues ; l'homme a efté remis en fa liberté naturelle, plus d'idoles, plus de vol d'oyfeaux, ny plus d'entrailles de victimes vaine-ment confultées ; toutes lefquel-

S ij

les choſes eſtoient ſi oppoſées à la
droite raiſon, & au bon ſens, que
quand la Religion Chreſtienne
n'auroit pas eſté confirmée par
tant de Prophetes, par tant de miracles, & par le ſang de tant de
Martyrs, la diuinité de ſon Legiſlateur qui les a abolies, reluit tellement en cela, & dans tous ſes
conſeils Euangeliques, qu'il ſemble qu'on ne puiſſe rejetter ſa do-
ctrine, ſans eſtre en quelque façon criminel de leze-Majeſté diuine & humaine. Mais parce que
cette verité a eſté traitée par tant
de perſonnes doctes, j'adjouſte-
ray ſimplement à ce qu'ils en ont
eſcrit, que ſans eſtre inſpiré comme le Prophete Royal, on pouuoit dire, humainement parlant,
de ceux qui l'ont preſchée, *In om-*

nem terram exibit sonus eorum, & in fines terræ verba eorum, tant elle est conforme à nature, & necessaire à la police de quelque Estat que ce soit pour estre bien gouuerné.

En effet il n'y a rien qui puisse concilier vne plus estroite vnion entre celuy qui commande & celuy qui obeït, que la Religion Chrestienne. Elle apprend aux Roys qu'ils ne sont simplement que les depositaires des loix, & que tant s'en faut qu'ils en soient les maistres, qu'ils leur doiuent vne si grande submission, que mesme ils deuiennent garants du defaut de leur obseruation s'ils permettent que leurs sujets les violent impunément.

Quand Dauid fut commis pour

la conduite du peuple d'Iſraël,
Dieu luy dit, *tu paſces*, & non pas
tu dominaberis, pour luy faire entendre qu'il n'auoit nulle autorité ſur luy, que celle d'vn paſteur
ſur ſon troupeau. Quand vn Monarque eſt inſtruit qu'il n'eſt icy
bas que le Lieutenant d'vn Dieu,
qui eſt la douceur meſme : Que ſa
puiſſance n'eſt que pour vn temps,
& que tout le faſte & la pompe qui
l'enuironne n'eſt que la repreſentation d'vn ſonge qui eſt paſſager
comme luy, il faut qu'il ait perdu
le ſens s'il n'vſe moderément de
ſon autorité, & s'il ne connoiſt
que ſes ſujets ne doiuent pas tant
de reſpect à ſa royauté qu'il en
doit à Dieu. Vn Prince viuant
chreſtiennement, imprimera dans
le cœur de ſes ſujets vn tel reſpect

pour luy, qu'en luy obeïſſant ils
croiront ſeruir à vn Dieu viſible.
Il n'aura point beſoin alors d'autre garde que de celle de leur affection ; ſa preſence leur inſpire-
ra ſa crainte & ſon amour en meſme temps ; ſa volonté ſe fera ſans
contrainte, & par ce moyen ſon
regne en ſera plus paiſible, & ſa
vie plus longue & plus aſſeurée.

Quoy que les loix des Romains
ayent eſté ſi juſtes, qu'elles nous
ſeruent encore aujourd'huy de
droit ciuil, ſi eſt-ce que pour n'a-
uoir pas eſté fondées ſur le Chriſtianiſme, nous trouuons qu'en
l'eſpace de trois cents ans, depuis
Auguſte, ceux qui eſtoient obligez de les obſeruer, ont eux-meſ-
mes eſté les meurtriers de plus de
cinquante de leurs Empereurs,

de la plus grande partie defquels
on peut dire, qu'ils n'ont touché
l'Empire que du bout des doigts
feulement, fans en auoir tenu le
gouuernail en pleine main.

Nous voyons tout le contraire
en cét Eftat, où depuis l'eftabliffement de la loy Chreftienne, à
peine fe trouue-t'il qu'en l'efpace
d'onze fiecles il y ait eu quelqu'vn de nos Roys qui ne foit
mort d'vne mort naturelle. Le fils
ou le fuccefleur legitime a toûjours remplacé le deffunct, fans
qu'il y ait eu aucun interregne en
la royauté, ny fans qu'il leur ait
coufté vne feule goutte de leur
fang, à la referue de deux de nos
Roys, qui pour auoit efté fauffement foupçonnez d'eftre fauteurs
d'heretiques, ont efté tuez par

deux affaſſins, preoccupez du zele inconſideré d'vne Religion qu'ils ont ignorée, laquelle eſt ſi reſpectueuſe à la majeſté des Roys, qu'elle commande expreſſément qu'on obeïſſe à ceux-là meſme qui n'ont pas leur miſſion de Dieu pour regner.

On void donc en tous ces exemples qu'il n'y a rien qui rende vn Eſtat plus heureux & plus floriſſant que le Chriſtianiſme, qui commande aux Roys d'vſer moderément de leur autorité, & aux ſujets de leur obeïr auec reſpect, *etiam diſcolis*, dit l'Eſcriture; c'eſt à dire, quand meſme ils ſeroient hors des limites de leur deuoir.

Quand les loix ſont bien obſeruées il ne ſe fait point de reuoltes contre le Prince, ny de ſedi-

tion entre le peuple, qui font
les maladies peftilentieufes d'vn
Eftat. Le fujet en eft plus foûmis
aux loix du païs & aux Magiftrats,
la concorde entre les concitoyens
deuient inuiolable quand elle eft
entretenuë par la charité, & toute forte d'injuftice ceffe, qui eft
incompatible auec le droit ciuil.
Il eft certain auffi que la pratique
des vertus & des aufteritez Chre-
ftiennes, rend l'homme plus propre à fupporter patiemment le
trauail du corps & de l'efprit, &
qu'elle le fortifie contre toute
forte de danger, & par confequent il en deuient plus habile à
feruir fon Prince dans les occafions de la guerre ; tefmoin l'affiftance qu'ont renduë nos premiers Chreftiens à quelques Em-

pereurs Payens, qui n'ont point
eu de meilleures troupes que les
leur, ny qui fuſſent d'vne plus
grande fatigue, ny qui ſe dében-
daſſent moins.

Puis donc que la Religion Chreſtienne eſt l'vnique ſource de tant
de biens, il faut ſur toutes choſes
prendre garde que ſa pureté ne
ſoit troublée par quelque nouuelle contention. Comme on ne
diſpute point contre ceux qui
nient les principes des ſciences,
on doit encore moins ſouffrir
ceux qui veulent innouer quelque choſe en noſtre Religion, ſur
laquelle eſt appuyé le repos public, & le ſalut particulier d'vn
chacun. Laiſſons toutes les choſes ſacrées à ceux qui ont leur miſſion de Dieu pour cela, & les en

croyons, & non pas noſtre fan-
taiſie, ny nos aureilles qui peuuent eſtre deceuës. Pour cette
raiſon François premier ne voulut
point ny voir ny eſcouter Melan-
cthon, ne jugeant pas qu'il deuſt
mettre ſa creance en compromis.
Charles Quint, apres auoir ouy
vne ſeule fois Luther, venu ſous
la foy publique, à la Diette de
Wormes, à l'inſtance des Princes
Proteſtans, fit vn vœu ſolemnel
de ne le reuoir jamais, & de demeurer ferme en la foy de ſes peres, que cét impoſteur pouuoit
rendre douteuſe par la ſubtilité
de ſon diſcours. Si la plus grande
partie de nos Grands, & du peuple, à l'imitation de ces deux ſages Princes, n'euſſent point pre-
ſté l'aureille à la nouuelle doctri-

ne de Caluin, qui par la conjon-
cture des temps fomenta les factions qui eſtoient dans l'Eſtat, la
France euſt eſpargné beaucoup
de ſon ſang.

En effet il n'y a rien qui ébran-
le tant vn Eſtat que la diſconue-
nance d'opinions en la foy. Chacun eſt eſmeu & remuë en faueur
de la ſienne, & cette contention
a toûjours quelque mauuaiſe ſuitte. Si quelque intereſt humain
trouble ſouuent noſtre ſocieté,
difficilement ſe pourra-t'elle maintenir entre ceux qui tiennent vn
chemin tout oppoſé dans la voye
de Dieu. Ieroboam, Roy d'Iſraël,
n'ignora point ce myſtere d'Eſtat,
lequel apres auoir vſurpé dix parties ſur le Royaume de Iuda, pour
s'aſſeurer de la fidelité de ces par-

ties reuoltées, les fit changer de
Religion, preuoyant qu'ils ne se
pourroient jamais reünir à leur
premier corps tandis que cette
playe seroit ouuerte.

C'est pourquoy les politiques les
plus auisez ont estimé que pour
maintenir en paix vn Estat, il y
falloit exactement obseruer la Religion du pays, sans y en admettre
aucune autre; Mecenas donna cét
aduis à Auguste, duquel a procedé la persecution qu'on a faite aux
Chrestiens sous les Empereurs
qui luy ont succedé. Dans la loy
de Moyse il est porté en termes
exprés, que tout homme sera mis
à mort, qui aura eu l'audace de
desobeïr au commandement du
Prestre, faisant alors le Seruice diuin. Le texte dit au Prestre, & non

pas à l'ordonnance de la loy, fup-
pofant qu'il en deuoit eftre l'Interprete : *Qui fuperbierit nolens obe-
dire Sacerdotis imperio, qui eo tem-
pore miniftrat Deo morietur homo ille.*
Deut. 17. verf. 12.

L'experience nous fait voir qu'il
n'y a rien qui ait plus contribué à
la durée de cette Monarchie que
l'vniformité de noftre Religion.
Elle y a efté fi bien maintenuë,
qu'vn de nos Peres anciens a dit,
qu'il n'y auoit eu que la France
feule qui n'auoit point eu de monftres, c'eft à dire d'heretiques. Le
changement qu'y voulurent apporter les Albigeois, n'a efté qu'v-
ne vapeur legere qui fut auffi-toft
diffipée que formée. Il eft certain
auffi que fi dans ce dernier fiecle
l'autorité royale n'euft point efté

affoiblie ny entr'ouuerte par tant de differentes factions comme elle fut, la nouueauté de la do-ctrine de Caluin, qui les a tou-tes fomentées, ne s'y fuſt jamais introduite. Prenons garde que de cette meſme erreur il ne s'en for-me maintenant vne autre qui ſe-roit pire que la premiere, s'il y auoit encore quelque diuiſion dans cét Eſtat.

Il n'y a jamais eu de politiques plus ignorans en leur meſtier que ceux qui ont tenu que la liberté de conſcience eſtoit indifferente dans vn Eſtat, au contraire nous ſçauons par experience que dans cette diuerſité d'opinions il ne ſe fait jamais de paix aſſeurée, que l'vn des partis ne ſe ſoit rendu le maiſtre de l'autre; ce qui ne ſe
peut

peut faire fans vne grande effufion de fang. Toute fedition ciuile, ou populaire, n'eft ordinairement qu'vn feu paffager ; mais
dans les tempeftes excitées par la
diuerfité de creance & de Religion, nous y auons veu toûjours
s'y mefler toutes fortes de factions, qui comme demons, dans
les grands orages, font de grands
fracas, & de fi profondes playes
dans l'Eftat, qu'il n'y a eu que l'a-
bondance du fang qui en eft forty, qui ait pû feruir de baulme
pour l'eftancher.

Nous auons veu que depuis cent
ou fix-vingts ans nos reforma-
teurs nouueaux ont prefque ab-
battu tout le trauail de douze
cents ans, & qu'ils ont excité plus
de guerres que n'en ont fait les

T

Romains pour la conqueſte du
monde. Ils ont fait donner en
France les batailles de Verneüil,
de Dreux, de S. Denys, de Iarnac,
de Montcontour, de Coutras, de
Senlis & d'Yury ; pris ou repris,
ſaccagé ou rauagé preſque toutes
les villes & chaſteaux du Royaume; pillé & mis en friſche tout le
plat pays; violé tant de Monaſte-
res, & fait paſſer par le fil de l'eſ-
pée, & perir par la faim, ou par le
feu vn nombre infiny de millions
d'hommes, de femmes, & de petits enfans. Bref toute l'Allemagne, toute l'Angleterre, les Pays-
bas, & tout le pays du Nord n'en
ont pas eu meilleur compte que
nous.

Si nos premiers Chreſtiens ſe
fuſſent contentez de croire en

leur Religion fimplement, & d'en
faire l'exercice, fans vouloir faire
voir la fauffeté de celle du Paganifme, il eft certain qu'ils n'euffent point efté perfecutez comme ils le furent; Mais fi-toft que
les Empereurs eurent reconnu
qu'on faifoit vn attentat contre
la Religion du pays, & qu'on la
vouloit abolir, ils s'y oppoferent
auec toutes fortes de tourmens &
de violence, n'ignorant pas que
de la rupture de l'vnion qui doit
eftre dans la creance & dans le
feruice de Dieu, on pouuoit paffer dans vne def-vnion ciuile &
d'Eftat.

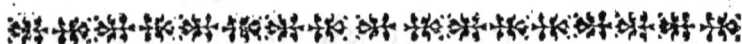

CHAPITRE XVI.

QVE SELON NATVRE LE gouuernement Monarchique eſt le plus parfait, Que Dieu en a donné l'exemple en la conduite de ſon peuple. Et que ces mots, Tel eſt noſtre plaiſir, ſont de ſon eſſence.

COMME il n'y a qu'vn ſeul Dieu qui gouuerne tout, il ne doit y auoir qu'vne ſeule maniere de le ſeruir, qui eſt celle de la Religion, ny qu'vne ſeule loy qui ſoit le principe de toutes les autres, qui eſt celle de la nature. Ces trois vnitez ne peuuent eſtre plus inuiolablement reſpectées, que ſous vne quatrieſme vnité, qui eſt celle d'vn Roy, qui eſt l'image d'vn Dieu viſible ſur la terre, *Rex à regendo ;* s'il gouuerne mal, ce nom ne luy conuient plus. Vn vaiſſeau qui ſera ſous la con-

duite d'vn pilote qui ne l'eſt que
de nom, n'arriuera jamais à bon
port.

L'inſtitution de la famille, qui
n'a beſoin que d'vn chef, nous
fait voir en ce petit modele, que
tout Eſtat, pour eſtre bien gouuerné, n'a beſoin que de la puiſſance d'vn ſeul. La nature nous
enſeigne que cette forme de gouuernement eſt la plus parfaite, en
ce que le monde vniuerſel n'a
qu'vn ſeul directeur,& que l'homme, qui eſt vn petit monde, n'a
qu'vne teſte pour preſider à toutes les autres parties du corps. Le
Ciel n'a qu'vn Soleil qui l'irradie
auec tous les Aſtres que nous y
voyons. Toutes les reuolutions
des corps celeſtes ſont aſſujetties
à celle d'vn premier mobile, com-

me l'eft le mouuement de toutes
les roües d'vne horloge, à celuy
d'vne maiftreffe roüe. Entre les
animaux nous trouuons que le
gros & le menu beftail a toûjours
quelqu'vn qui marche à la tefte
du troupeau. Les Abeilles & les
Guefpes ont leur roy, qui fort le
premier quand elles doiuent ef-
fainer, au mouuement duquel fe
meut & fe repofe tout l'effain.
Peut-eftre que fi nous y donnions
noftre attention, nous verrions
que cette forte de police eft commune à toutes fortes d'animaux,
jufques aux plus fauuages. Ainfi il
ne fe faut point eftonner, fi l'homme eftant raifonnable comme il
l'eft, nous voyons prefque tous les
peuples de la terre, à l'exemple
de toute la nature, auoir preferé

l'Eſtat Monarchique à toute autre forme de gouuernement.

Que ſi l'on a veu quelques Prouinces, comme celles de l'Italie
& de la Grece, auoir eſté gouuer-
nées quelque eſpace de temps en
forme de Republique, ce temps
a eſté ſi court au reſpect de celuy
auquel elles ont eſte ſous la puiſſance des Roys ou des Empereurs,
qu'on doit inferer de là que cette
derniere forme de gouuernement
n'eſtoit pas ſelon le cours ordinaire de nature. Pour preuue de ce
que ie dis, l'Hiſtoire nous apprend
que la Grece a eu dix-ſept Roys
depuis Cecrops juſques à Cadmus,
& qu'elle ne fut pas pluſtoſt reduite en forme de Republique, qu'au
meſme temps elle n'ait eſté agitée de tant de ſeditions, qu'enfin

T iiij

elle tomba ſous la puiſſance des
Macedoniens, & depuis ſous celle des Romains.

L'Italie a eſté expoſée aux meſmes changemens que la Grece :
apres auoir chaſſé ſes Roys, elle ſe
ſoûmit ſous la puiſſance de deux
Conſuls, qui eurent la meſme autorité que les Roys, auec cette
ſeule difference, que d'vnique &
perpetuelle qu'elle eſtoit auparauant, elle fut partagée en deux,
& annuelle ſeulement. Sous ces
deux Conſuls le pouuoir des
Grands ſe rendit petit à petit ſi in-
ſupportable, qu'il fallut auoir re-
cours à la creation d'vn Tribun du
peuple pour le moderer. De cette
meſ-intelligence du peuple auec
les Grands, & depuis des Grands
entr'eux, ſe forma la matiere des

guerres ciuiles. Pour y remedier, & donner ordre aux affaires
où il s'agiſſoit du dernier ſalut de
l'Eſtat, les deux partis s'accorde-
rent de l'election d'vn Dictateur
pour ſix mois au plus, auquel
eſtoit conferée vne puiſſance ab-
ſoluë, ſans qu'il y euſt appel de
ſes ordonnances, ny au peuple ny
au Senat. Finalement cette Republique a toûjours eſté troublée
de diuerſes factions, ou de ſeditions nouuelles, juſques à ce que
toute l'autorité fuſt deuoluë ſous
la puiſſance d'vn ſeul, qui luy tinſt
toûjours lieu de Monarque & de
Dictateur perpetuel.

L'experience nous fait voir que
toute puiſſance reünie en ſoy eſt
plus vigoureuſe en ſon action, que
quand elle eſt diuiſée en pluſieurs

parties ; par exemple , Si j'auois
befoin de vos bras & des miens
pour foûleuer quelque pefant fardeau, il eft certain que fi la force
des voftres fe pouuoit transferer
dans les miens, ou celle des
miens dans les voftres, ce fardeau
fe leueroit auec moins d'empef-
chement que fi nous y mettions
tous deux la main. Quoy qu'on
die communément que deux
yeux voyent mieux qu'vn, fi eft-
ce que leur action feroit imparfaite & vague, s'il ne fe faifoit au
cerueau vne reünion des deux
nerfs optiques, qui font les organes de la veuë ; & qu'en fuitte il
ne fe fift vne feconde reünion de
tous les rayons qui fortent des
yeux, à vn feul poinct vifuel fur
l'objet qu'on fe propofe de voir.

Finalement l'vnité eſt ſi eſſentielle à la perfection d'vn gouuernement, quel qu'il ſoit, que
dans les Eſtats populaires, ou des
Grands, les affaires qui ſe mettent
en deliberation demeureroient
toutes indeciſes, ſi pour les terminer il ne ſe faiſoit vne reduction à l'vnité de toutes les opinions de ceux qui ont voix déli-
beratiue dans le Conſeil.

Pour verifier que le gouuernement Monarchique eſt le plus
excellent de tous, nous trouuons
dans les ſaintes Lettres que Moyſe
fut eſleu ſeul de la main de Dieu
pour retirer ſon peuple de ſerui-
tude, & pour ſa conduite dans le
deſert ; & Ioſué ſeul pour eſtre le
ſucceſſeur de Moyſe. Othoniel en
ſuitte fut ſuſcité par le Seigneur

pour remplacer Iosué, & succeſſi-
uement il n'y a eu qu'vn ſeul Iuge
qui ait eu autorité ſouueraine ſur
le peuple d'Iſraël juſques à San-
ſon, apres la mort duquel l'Eſcriture dit qu'il n'y auoit perſonne
qui euſt la conduite du peuple.
Alors deux grands Preſtres, dont
l'vn fut Heli, & l'autre Samuël,
en prirent le ſoin l'vn apres l'autre, auſquels Saül ſucceda en qualité de Roy; Dauid à Saül, & a
Dauid Salomon, apres la mort
duquel le Royaume fut diuiſé en
deux parties, dont l'vne fut appellée du nom de Iuda, où regna Ro-
boam juſques à Sedecias; & l'autre du nom d'Iſraël, où regna
Ieroboam juſques à Oſée, ſans
qu'il y ait eu aucune interruption
en leur royauté.

Sur ce modele du gouuernement d'vn feul, qui a efté inftitué
de Dieu comme le plus parfait,
a efté formé noftre Eftat, qui s'eft
ainfi maintenu plus d'onze cents
ans fans que le changement de
race, ny la demence de quelques-
vns de nos Roys, ny leur prifon
en ait pû ruïner le fondement.
Que s'il y en a eu quelques parties
qui en ayent efté démembrées
auec le temps, le mefme temps
les y a reünies, ou remplacé d'autres qui ont aidé à entretenir la
grandeur dans laquelle nous le
voyons encore aujourd'huy.

Il eft donc certain qu'il ne fe
pouuoit rien faire de meilleur en
la police des hommes, que le con-
fentement que les peuples ont
donné d'eftre tous foûmis à la

puiſſance d'vn ſeul; parce qu'en
ce faiſant vn chacun de nous trouue ſa ſeureté particuliere en la protection generale que nous doit
celuy que nous auons tous reconnu pour noſtre Chef. Par ce
moyen le pauure en ſon meſnage;
le riche au gouuernement de ſes
biens; l'artiſan en ſon meſtier; le
marchand en ſon traffic ſe conſeruent tous vne image de princi-
pauté, en ce qu'il n'y a perſonne
d'entr'eux, tant miſerable ſoit-il,
qui puiſſe eſtre contraint d'en ſeruir vn autre s'il ne luy plaiſt. La
ſujetion reelle n'eſt que pour celuy qui s'y engage volontairement; & quiconque peut viure
en ſa maiſon de ſon reuenu, & du
trauail de ſes mains, ſans querelle
& ſans procez, ce qui ſe peut ſous

la protection du Prince & de la loy, y demeure auſſi libre & autant abſolu que le Roy l'eſt en ſon Eſtat.

Il n'y a jamais eu de puiſſance royale plus moderée ny plus ſoûmiſe aux loix de Dieu & de nature, que celle de nos Roys. Ils ſe font voir tous les jours à leurs ſujets, & ſont auec eux à toute heure; ils ſe diuertiſſent auec eux; ils ne portent qu'en peinture le Sceptre, qui eſt le baſton Seigneurial; leur Troſne, qui eſt leur lict de Iuſtice, n'eſt point ſi haut eſleué, qu'il faſſe auec eux aucune ſolution de continuité; ils y prennent leur ſeance pour donner à leurs Edicts plus d'autorité par leur preſence, par celle des Ducs & Pairs, du Conneſtable, & des

Mareſchaux de France, du Chancelier, des Secretaires d'Eſtat, & autres Officiers de la Couronne qui doiuent y aſſiſter. Cela ſe fait à la teſte de leur Parlement, & à la veuë de tout le peuple, comme s'ils vouloient auoir les ſuffrages & le conſentement de toutes ſortes de conditions pour l'execution de leurs volontez.

Pour ce qui eſt de ces mots, *Voulons, Ordonnons, & De noſtre abſolu pouuoir, Tel eſt noſtre plaiſir*, ils ſont ſi eſſentiels à la Royauté, que l'autorité ſouueraine ne ſe peut exprimer que par eux. Les volontez des Roys, qui ont toûjours beſoin de ſecret, & d'vne prompte execution, doiuent ſortir de leur teſte & de leur conſeil, armées & ſagement digerées, comme fit la Deeſſe

Deeffe des armes, & de la prudence du cerueau de Iupiter. Si vn
Prince eftoit obligé de rendre
compte à fon peuple de fes inten-
tions, l'occafion de les executer
fe pourroit perdre, & fon autorité feroit deuenuë populaire.

Ces mots de puiffance abfoluë
ne donnent point aux Roys la
puiffance de tout faire, elle leur
permet feulement d'innouer au
droit des gens tout ce qu'il leur
plaira, ou d'y déroger felon que
les occafions le requierent. Car
pour ce qui eft des loix diuines &
de nature, elles font auant que les
Roys fuffent, & d'vne pareille
obligation au Prince comme au
fujet. I'oferay mefme dire qu'il
les doit plus exactement obferuer
que fon peuple ; parce qu'eftant

V

l'image de Dieu ſur la terre, en les violant il efface honteuſement cette image ſacrée pour y remplacer celle de l'ennemy de Dieu. C'eſt pourquoy quand le Prophete Royal, tout ſoüillé qu'il eſtoit du ſang d'Vrie, & de l'adultere de ſa femme, a dit : I'ay peché contre toy ſeul, il ne pretend pas en cela diminuer la grandeur de ſon offenſe ; mais plûtoſt pour en eſtre touché plus ſenſiblement ; il ſe repreſente à luy-meſme qu'il n'eſt comptable de ſon crime qu'à Dieu ſeul qui eſt ſon Iuge, ſa partie, & le ſeul arbitre de ſon chaſtiment. Auſſi ne s'eſt-il jamais veu de pecheur plus contrit que celuy-là, ny qui ait jamais reſpandu pour ſes fautes de larmes plus ameres que les ſiennes.

CHAPITRE XVII.

QVE LA MONARCHIE PAR succession est meilleure que celle qui se fait par election. Qu'elle appartient au masle le plus proche du sang. Et de l'exclusion des filles.

IL ne suffit pas d'auoir represen-té que la Monarchie est la plus excellente forme de gouuerne-ment, mais il faut démonstrer aussi que pour la rendre encore plus parfaite il est necessaire qu'elle vienne par droit successif aux plus proches du sang, hors de partage, & aux masles seulement. Ie dis par droit successif, & non par election; parce que toute Monarchie ele-ctiue, tandis qu'on delibere du choix de celuy qui doit succeder, deuient souuent vne pure Anar-chie exposée à toutes sortes de

V ij

tempeſtes, comme vn vaiſſeau qui
eſt ſans gouuernail & ſans pilote.

Les Hiſtoires ſont pleines des
maux qui ont accouſtumé de ſe
commettre dans toutes les Souue-
rainetez electiues, où les loix deuiennent muettes & inexecutées,
tandis qu'on delibere du choix de
ceux qui doiuent auoir le commandement. Pour remedier à ce
deſordre les Polonois ont cette
loüable couſtume de doubler la
peine des crimes qui ſe font durant la ceſſation de la puiſſance
royale, qui eſt electiue parmy eux.
Pour empeſcher que le S. Siege
ne ſoit long-temps vacant, le Col-
lege des Cardinaux s'enferme
dans vn lieu, d'où il ne ſort perſonne que l'election du Pape ne
ſoit faite. Les Cheualiers de Mal-

the font la mesme chose pour la
nomination de leur grand Maistre ; parce qu'en effet l'interregne, dans tous les Estats electifs,
est vne espece d'aneantissement
de l'autorité souueraine, lequel
est autant dangereux en ce temps-
là, que l'est au corps humain l'interruption du batement du pouls,
qui dans sa cessation laisse en souf-
france toutes ses autres parties.

Selon mon jugement, entre
tous les miracles qui se sont faits,
il n'y en a jamais eu de plus grand
que quand le cours du Soleil fut
arresté l'espace d'vn jour à la priere de Iosué. La suspension qui se
fit de sa lumiere & de ses influences dans toutes les autres parties
du monde, durant son immobilité, deuoit, selon l'ordre de nature,

V iij

rejetter l'vniuers dans sa premiere confusion.

La police des hommes, pour estre bien reiglée, a besoin d'imiter, autant qu'elle peut, celle de nature, qui ne fait jamais de pauses ny de parentheses en son cours; & il s'en fait vne dans le gouuernement durant qu'on delibere de l'election du Prince.

On dit communément parmy nous que le Roy ne meurt jamais en France, ce qui tesmoigne que ce Royaume ne fut jamais electif. En effet il ne meurt jamais, parce que le dernier souspir de celuy qui expire, suscite pour son successeur le plus proche de son sang dans lequel il reuit, fust-il encore au maillot. La loy de l'Estat le couronne auant qu'il soit sacré;

& quand il se presente au Parlement ce n'est que pour se faire voir à ses peuples, & pour prendre sa seance dans son trosne, qui est son lict de Iustice.

Quand vn Prince vient à la Couronne par vn droit successif, il regarde ses sujets comme de vieux domestiques qu'il trouue en la maison de son pere. Quand il considere son Royaume comme vne possession qui luy est venuë, dont la joüissance apres luy, doit estre transferée à ceux de son sang & de son nom, il est certain qu'il est beaucoup plus soigneux de le conseruer, que si par l'election d'vn successeur estranger il deuoit passer dans vne autre famille que la sienne.

L'Histoire nous apprend qu'au
V iiij

temps que l'Empire d'Allemagne
eſtoit electif, Raoul qui le poſſe-
doit, exempta de la ſujetion de
l'Empire, à prix d'argent, toutes
les villes de la Toſcane qui en re-
leuoient. Que Robert donna trois
villes Imperiales à ſon fils ; Que
Frederic I I. affranchit Nurem-
berg ; Othon I I I. Iſne ; Et Louïs
de Bauieres Egre, villes qui de-
pendoient toutes de l'Empire.
Tant y a qu'il ne ſe trouue point
de Corps, tant puiſſant ſoit-il,
qui puiſſe ſouffrir vn tel retran-
chement de ſes membres ſans en
eſtre beaucoup affoibly ; c'eſt
pourquoy, pour éuiter ce dé-
membrement, qui peut auec le
temps non ſeulement diminuer
les forces d'vn Eſtat, mais l'a-
neantir tout à fait, les puiſnez de

France ny les filles ne partagent
jamais la royauté auec leur aifné;
& mefme ce qui leur eft donné
par appennage, ou par affignat,
eft fujet à reuerfion, tant les loix
de l'Eftat ont efté foigneufes de le
conferuer en fon entier.

Tout bien confideré, ces deux
extremitez, dont l'vne eft de fe
voir dans vne vie priuée & fujete
aux loix; & l'autre d'en fortir par
election, pour entrer d'vn plein
fault dans vne autorité qui eft abfoluë, comme l'eft celle d'vn Roy,
font fi efloignées l'vne de l'autre,
qu'il eft prefque impoffible que
le mouuement rapide qui efleue
vn homme à cét honneur, ne luy
caufe en le poffedant quelque ver-
tige, ou quelque efbloüiffement,
là où quand il y vient par vn droit

succeſſif, dont le cours eſt naturel
& tranquille, il en joüit auec mo-
deration, comme d'vne heredité
legitime qui luy eſt eſcheuë. L'o-
beïſſance alors, qui eſt deuenuë
naturelle en ſes ſujets, par la couſtume d'obeïr à ſes peres, luy ſera
renduë auec plus de joye que de
repugnance. Il y a encore vn autre inconuenient aſſez conſiderable dans les Royaumes qui ſont
electifs, en ce que la brigue de
ceux qui ont eu quelque preten-
tion en la royauté, laiſſe toûjours
quelque émotion dans l'Eſtat.
Que ſi quelqu'vn vient à la Couronne comme vn vſurpateur, il
eſt certain que les troubles qu'il
aura cauſez en faiſant ce changement, ne s'appaiſeront jamais juſques à ce qu'vne longue ſuitte de

generations & d'années y ait apporté le calme.

La nature donne le rang aux enfans felon leur âge. L'aifné doit tenir le premier, comme le plus proche du fang du pere, ou pour eftre entré le premier en la communauté, ou pour auoir, comme le plus vieux en la famille, plus d'experience que les autres pour la bien gouuerner, & fur tout en la royauté. Auffi voyons-nous que parmy toutes les nations du monde la couftume conferue aux aifnez leur droit de primogeniture, jufques aux peuples des Indes nouuellement defcouuerts, dont la relation nous apprend qu'ils eurent beaucoup de joye quand ils virent executer à mort Atabalippa leur Roy, qui auoit vfurpé

le Royaume de son frere aisné
contre la coustume du pays. Dans
les saintes Lettres Dieu s'est reserué pour luy les premiers non seulement des fruits & des hommes,
mais de toutes sortes d'animaux; &
dé toutes les playes dont fut affligé le peuple d'Egypte, il n'y en eut
point de plus sensible que quand
Dieu fit mourir les aisnez de toutes les familles, depuis celle du
Roy jusques à la derniere; & mesme sans en auoir excepté tout le
bestail. Au Deuteronome 21. nous
voyons que le fils de la femme
odieuse est preferé à celuy de la
bien-aymée, & qu'en consideration de son droit d'aisnesse on luy
ordonne vne double portion dans
l'heredité de son pere.

On ne déroge point à ce droit

fans apporter beaucoup de trouble dans les familles ; & quand on
l'a voulu faire en celle des Roys,
les Eftats du pays l'ont fouffert
tres-rarement. Nous en auons
vn exemple tres-remarquable en
la perfonne de Carloman, frere
aifné d'Alme, qui fut adopté par
Lancelot, Roy de Hongrie, pour
luy fucceder en la royauté ; &
neantmoins, quoy qu'il fuft lou-
che, boffu, boiteux & begue, &
qu'on luy euft fait prendre les
Ordres de Preftrife, les Eftats ge-
neraux chafferent le puifné, & ne
voulurent point d'autre Roy que
l'aifné, qui fut remis en fes droits,
puis difpenfé des Ordres de Preftrife, & finalement marié.

Le droit d'aifneffe fe conferue
entre les filles en toute heredité,

fi ce n'eſt dans la royale. En celle-
là la loy Salique, qui eſt preſque
vniuerſelle en tous Eſtats, en exclud toutes les femmes. Cette loy
eſt fondée ſur celle de Dieu, qui
ordonne que la femme ſoit ſoûmiſe à l'homme, & ſur celle de
nature, qui ne peut ſouffrir que le
ſexe le plus fort obeïſſe au plus
foible. En effet les femmes eſtant
inhabiles à toutes les fonctions
royales, qui ont beſoin de vigueur
& de bon ſens, on a eu raiſon de
ne leur en commettre pas le ſoin.
Premierement leur conſtitution
naturelle eſt trop delicate pour
tous les exercices de la guerre,
qui ſont d'vne ſi grande fatigue,
que vray-ſemblablement tout ce
qui ſe dit des Amazones, n'eſt
qu'vn conte de l'hiſtoire fabuleu-

se, ou la fixion d'vn Roman. S'il y
en a encore, ou s'il y en a eu autrefois, les montagnes qui nous se-
parent d'elles sont si hautes, & les
fleuues si larges & si profonds,
qu'on ne passe jamais des vns aux
autres.

En second lieu la prudence des
femmes est si courte en ce qui est
du maniement des affaires, que
quelqu'vn a assez ingenieusement
remarqué, qu'entre toutes les
Deesses il n'y auoit eu que Pallas
qui n'auoit point eu de mere,
pour monstrer que la sagesse ne
procedoit point des femmes. Pour
cette raison les loix ne leur permettent point de juger, de postu-
ler, de prescher, ny de regenter,
qui sont autant d'actions qui toutes ont besoin de bon sens, & qui

ſe font toutes dans les lieux publics, où les femmes ne peuuent
eſtre toûjours auec bien-ſeance.
Du moindre au grand, ſi l'exercice de toutes ces choſes eſt defendu aux femmes à cauſe de leur incapacité, à plus forte raiſon le
doiuent eſtre toutes les fonctions
royales qui deſirent vn plus grand
ſoin, & qui ſont d'vne plus grande conſequence.

Toute Reyne qui regne par vn
droit ſucceſſif, vient à la Couronne comme heritiere de ſon pere,
qui n'a point laiſſé d'enfans maſ-
les pour y ſucceder. Si elle eſt encore fille, il me ſemble que la pudeur & la modeſtie d'vne vierge
doit eſtre bien interdite de ſe
trouuer ſeule dans vne aſſemblée
compoſée d'hommes ſeulement,
                                    ſans

sans auoir auprés d'elle aucune
personne de son sexe; & plus em-
barrassée encore quand il faut de-
liberer sur vn poinct d'Estat important qu'elle n'entend point, &
le resoudre: Quoy qu'elle y presi-
de, il faut neantmoins que pour
n'auoir pas assez de suffisance
pour le decider, elle s'en remette à
son Conseil; & alors c'est ce Conseil qui regne, & non pas elle.
Dans ce Conseil il est presque impossible que de tous ceux qui sont
de ce nombre il n'y ait quelqu'vn
qui ait plus la confidence de la
Reyne; & dés ce mesme instant
elle ne s'attire pas seulement l'enuie du reste de son Conseil, mais
elle s'expose aussi au jugement te-
meraire d'vn public, qui est toûjours prest de mal penser d'au-

truy , & fur tout de la personne
qui luy commande.

Si la Reyne fe marie , comme
elle le doit faire de neceſſité pour
donner à fon peuple vn ſucceſ-
feur, il faut qu'elle eſpouſe vn ſujet ou vn Prince eſtranger. Si elle
eſpouſe ſon ſujet, il y a quelque
choſe à redire en ce mariage, en
ce que la Reyne fait de ſon ſujet,
qui eſt nay ſon ſeruiteur, ſon mary; & quelque choſe à redire auſſi
du coſté du ſujet , lequel eſtant
nay homme renonce à ſon priuilege en s'aſſujetiſſant à vn ſexe,
qui par la loy de Dieu & de la nature luy doit obeïr en ſe ma-
riant.

Que ſi elle pretend d'eſpouſer
quelque Prince eſtranger, difficilement ſe pourra-t'on accorder

des conditions du mariage ; tefmoin celles qui furent propofées
à l'Archiduc d'Auftriche voulant
fe marier auec la Reyne d'Angleterre Elizabeth ; à fçauoir, Qu'il
ne fe feroit point appeller Roy ;
Qu'il ne feroit point dire la Meffe
en Angleterre ; Qu'il ne donne-
roit aucun Office ny Benefice
finon aux Anglois ; Et que fi la
Reyne mouroit fans enfans, il ne
pourroit retenir aucune chofe en
Angleterre. La dureté de ces conditions fut caufe de la rupture de
ce mariage. Les articles accordez
entre Philippes de Caftille & la
Reyne Marie d'Angleterre eurent
quelque chofe encore de plus ru-
de ; parce qu'outre que les eftrangers furent exclus de pretendre
aucune charge en l'Eftat, il fut

arresté qu'il ne pourroit emmener hors d'Angleterre la Reyne, ny aucun de ses enfans, s'ils en auoient, que de son consentement; Qu'il ne s'expedieroit aucunes lettres ny aucun mandement que sous le seing & le nom de la Reyne, & qu'elle joüiroit seule de la souueraineté du Royaume, à laquelle le mary renonceroit; & qu'il ne pourroit estre appellé que le mary de la Reyne. Ce mariage, qui fut si injurieux d'vn costé, & de l'autre si plein de mespris, auoit causé vne si grande mes-intelligence entre ces deux Nations, que si la Reyne ne fust morte, il en fust reüssi quelque tres-funeste accident.

Outre tous ces inconueniens, qui sont assez considerables, pour

ne souffrir pas qu'vne femme soit
pourueuë de l'autorité royale, il y
en a encore vn autre qui est tres-
important à tous les sujets en leur
particulier; parce qu'en se soûmet-
tant volontairement à l'autorité
souueraine d'vne femme, ils semblent consentir tacitement que
celle, qu'ils ont espousée, tienne le
mesme rang en la famille, qui est
vn petit modele sur lequel a esté
formé toute Monarchie. Si le mary ne le veut pas souffrir de son
bon gré, la femme l'vsurpera malgré luy, fondée sur l'exemple de
la Reyne, qui ne luy refusera pas
son secours en cette occasion pour
affermir encore plus son autorité
par vne si grande recreuë.

I'ay veu, estant en Angleterre,
vn exemple de ce que ie dis, où

X iij

long-temps apres la mort de la
Reyne Elizabeth les femmes con-
feruoient encore en leurs familles
l'autorité qu'elles auoient vfurpée
fous fon regne, & peut-eftre y re-
fte-t'il encore prefentement quelques veftiges de cette ancienne
vfurpation. A dire vray cette Prin-
ceffe ne doit point eftre mife au
nombre des femmes; elle auoit
quelque chofe de plus mafle & de
plus releué, elle eftoit ce qu'on
appelle communément vne Vira-
go, qui eft vn mot qui ne fe peut
exprimer en noftre langue. Eftant
en Angleterre, il y a prés de quarante ans, j'ay fceu en confidence
d'vn Medecin qui l'auoit feruie
quelque temps, qu'il y auoit en fa
perfonne quelque defaut qui la
rendoit incapable d'auoir des en-

fans, & que pour le couurir elle
efcoutoit toutes les propofitions
de mariage qu'on luy faifoit fans
jamais rien conclure; & que mefme elle ayma mieux s'expofer à la
calomnie d'auoir eu de l'amour
pour quelques Grands de fon
Royaume, que de laiffer le moindre foupçon de fon impuiffance
naturelle. Quoy que puiffe dire
l'hiftoire medifante, cette Reyne
a efté fi ferme & fi conftante en fa
bonne & en fa mauuaife fortune,
fi fage en fes confeils, & fi virile
en toute la conduite de fa vie, qui
ne font point des qualitez femi-
nines, qu'elle doit pluftoft tenir
rang entre les perfonnes illuftres
de noftre fexe, que du fien.

CHAPITRE XVIII.

QV'VN ROY NE PEVT RENDRE
tout seul la Iustice à ses sujets. Quelles doi-
uent estre les qualitez de ceux qui sont appel-
lez pour luy ayder. Que la superfluité des
officiers de Iustice est plustost tolerée par poli-
ce que par raison.

I'AY fait voir dans les Chapitres
precedents que le gouuernement Monarchique, deuolu par
vn droit successif au plus proche
du sang, est plus conforme à nature que toute autre sorte de gouuernement ; mais comme il est le
plus parfait de tous, sa fonction
est d'autant plus difficile à faire
qu'elle est reduite sous la direction d'vne seule personne.

En effet, quoy que le dehors
de la royauté ait de grands at-

traits , & qu'il n'y ait rien de
plus doux en apparence que de
pouuoir tout faire impunément,
& de n'auoir point de compagnon, si est-ce que nous apprenons
par la bouche d'vn Roy, que quiconque trouueroit à ses pieds vne
Couronne royale ne la releueroit
jamais pour se la mettre sur la
teste, s'il sçauoit de combien d'es-
pines poignantes en est composé
le tissu ; Quelques autres encore
ont esté de cette opinion apres
en auoir fait l'experience, & s'il y
en a quelques-vns qui le dissimu-
lent, ils le font assez voir, en ce
qu'il y en a eu bien peu, qui pour
se deliurer de la foule du monde
& de l'embarras des affaires, n'ait
eu son petit Coucher, ou son Ver-
sailles, comme le feu Roy, pour y

viure à l'efcart d'vne vie commune & priuée auec quelques-vns
de leurs plus familiers domeftiques.

Il eft certain que fi vn Roy re-
gnant eftoit obligé de jouër toûjours vn perfonnage majeftueux,
fa condition feroit pire que celle
d'vn Roy de Comedie, qui n'eft
plus le mefme Acteur tout auffi-
toft qu'il eft derriere le theatre,
quoy qu'il y foit encore reueftu de
tous les ornemens royaux. Tout
Souuerain eft fujet à deux chofes
qui font d'vne grande contrainte,
dont l'vne eft de ne pouuoir jouïr
pleinement de la douceur de la
focieté, veu que l'interualle qu'il
y a de luy à fes fujets & de fes fujets
à luy, fait entr'eux vne grande
folution de continuité; l'autre eft

de se voir en la necessité d'associer
au gouuernement quelques personnes capables de souftenir auec
luy le poids de la Royauté, aufquels il faut qu'il prenne toute
confiance, attendu qu'il luy eft
impoffible de faire, eftant feul,
toutes les fonctions Royalles, ny
de terminer tous les differends
particuliers qui naiffent entre tous
fes fujets.

Nous auons vn bel exemple
dans les faintes Lettres de cette
impoffibilité de tout faire, en la
perfonne de Moyfe, lequel fe feruit vtilement du confeil de Iethro
fon beau-pere, quand il luy repre-
fenta qu'il ne pouuoit fuffire tout
feul à faire entendre au peuple
la volonté de Dieu, & à juger tous
fes differends, & qu'il fe confu-

meroit, & tout le peuple, de qui il
eſtoit obſedé. *Stulto labore* , ce
ſont les meſmes termes de l'Eſcriture, s'il ne choiſiſſoit parmy tout
ce peuple des hommes puiſſans,
craignant Dieu, aymant verité &
haïſſant auarice, pour en faire en
chaque lignée des Chefs, des Tri-
buns, des Centeniers , des Cin-
quanteniers & des Dixainiers qui
auroient la puiſſance de juger ſur
champ les differends de ceux qui
ſeroient compris en leur denom-
brement. Et que pour toutes les
choſes importantes , comme de
conſulter Dieu, de faire entendre
au peuple la Loy à laquelle il doit
obeïr; la Religion qu'il doit ſui-
ure, & la profeſſion en laquelle
vn chacun ſe deuoit occuper, il
s'en reſeruaſt à luy ſeul la con-

noiſſance & la diſpoſition.

Ainſi le poids des affaires grandes & petites , eſtant diuiſé ſe
rendroit plus ſupportable ; & en
ce faiſant, dit Iethro, parlant à
Moyſe, Dieu ſera auec toy, qui
ſeras ſoulagé d'vne peine à laquelle tu ne pouuois ſuffire tout
ſeul : & Dieu ſera auſſi auec ſon
peuple , lequel ayant eſté jugé
promptement par ceux qui en auront eu la miſſion; & ayant appris
la volonté de Dieu par ta bouche,
s'en retournera content & en paix
chacun chez ſoy dés le meſme
jour.

Cecy eſt aſſez conſiderable que
quoy que ce ſage Legiſlateur ſe
viſt accablé ſous la conduite d'vn
peuple qui eſtoit indiſciplinable
alors , pour n'auoir point encore

eu de Loy efcrite, & qui dans vne
feruitude de quatre cents ans
auoit contracté toutes les imper-
fections des efclaues, il ne s'aui-
foit pas luy-mefme, fans le confeil de Iethro, de prendre quelques perfonnes auec luy, qui
fuffent capables de le foulager
d'vne partie de fon trauail; Ce
qui nous fait connoiftre qu'vn
efprit quoy que mediocre, qui
eft en fon repos, & qui fe poffede bien luy-mefme, a quelquefois des veuës plus nettes & des
opinions plus faines & defgagées,
que n'ont les Miniftres les plus
auifez, dont l'efprit peut fouffrir
quelques obftructions dans l'ac-
cablement des affaires.

Tout trauail a le repos pour fa
fin; celuy qui veut tout entre-

prendre n'arriue jamais à cette
heureuſe fin, parce que le torrent
des affaires qui lùy viennent en
foule de tous coſtez ne luy permet pas d'en joüir. Le paſſa-
ge du trauail au repos eſt ſi neceſſaire en toute ſorte d'action,
qu'encore que le battement du
pouls paroiſſe vn mouuement con-
tinu, ſi eſt-ce que ſon repos ſe rencontre dans cét interuale, quoy
qu'imperceptible, qui ſe fait entre ſon éleuation & ſon abaiſſe-
ment. Les plis qui ſe font ſur les
eaux & ſur les bleds en herbe, durant que le vent les agite, nous
font voir à l'œil que dans l'inſtant
du retour de leur reply il y a dans
la tempeſte meſme quelque moment de repos.

Il eſt donc conſtant qu'il faut

reprendre haleine dans les affaires comme en toute autre forte de tra-uail, & qu'il eft impoffible qu'vn Prince puiffe fuffire tout feul à toutes les fonctions royales, s'il n'appelle à fon fecours quelques Iuges fubalternes pour le foula-ger, aufquels il laiffe le pouuoir de terminer toutes les menuës af-faires, fe referuant pour luy la connoiffance & le jugement de toutes celles qui feront les plus importantes.

Et d'autant que la Iuftice eft ef-galement Iuftice dans les petites affaires comme dans les grandes, & que la premiere digreffion des procez fe commence toûjours par des Iuges fubalternes, noftre fage Legiflateur a voulu que la premie-re qualité d'vn Iuge fuft d'eftre

puiffant,

puiſſant, c'eſt à dire incapable de
ſe deſtourner de ſon deuoir, pour
quelque conſideration que ce
puſt eſtre ; ce qui arriue ſouuent
à vn homme impuiſſant & foible,
& qui n'a qu'vne mediocre creance parmy le peuple.

La ſeconde qualité d'vn bon
Iuge eſt de craindre Dieu. Cela
eſtant il rendra toûjours bien la
Iuſtice, parce que toutes les loix
ciuiles tirent toute leur force &
toute leur autorité de la loy de
Dieu, ſur laquelle s'eſt fait leur
premier alignement.

Il ſemble qu'il ſoit ſuperflu d'a-
uoir adjouſté à ces deux premieres qualitez d'vn bon Iuge, celle
d'aymer la verité ; parce qu'il eſt
impoſſible de fauoriſer vn menſonge ſans eſtre oppoſé directe-

Y

ment à Dieu, qui a dit luy-mefme
qu'il eſtoit la Verité ; ny d'eſtre
puiſſant, puis qu'il n'y a point vne
plus grande foibleſſe que de n'o-
ſer dire, ny ſouſtenir la verité. Le
menſonge eſt ſouuent captieux,
& ſi bien déguiſé ſous l'apparence
du vray, que ſi vn Iuge, comme
vn changeur, n'a la capacité de reconnoiſtre le bon d'auec le mauuais alloy, il ſera ſouuent ſurpris.

La quatriefme qualité requiſe à
vn bon Iuge, eſt de n'eſtre point
auare. Les autres vices ne luy ſont
point deffendus , pour n'eſtre
point ſi directement oppoſez à la
fonction d'vn bon Iuge, ny ſi capables de le corrompre comme
l'auarice. Le procez eſt vne eſpece de guerre dans laquelle il y a
quelque honte d'eſtre vaincu ;

c'eft pourquoy les deux parties qui plaident enfemble tafchent d'auoir l'auantage du combat autant pour leur honneur que pour l'intereft du bien. En cette occafion le plus affeuré ftratageme pour vaincre eft de prefenter. Si voftre Iuge eft à vendre ou non, s'il fe met à prix il fera au plus offrant & dernier encheriffeur.

Cecy eft affez confiderable, qu'en ce dénombrement de Iuges qui ont leur fubordination les vns aux autres, l'Efcriture entend que tous les fubalternes, depuis le dixainier jufques au chef de la lignée, ayent efgalement les mefmes qualitez que j'ay dites, defquelles les Iuges inferieurs ont befoin comme les autres Iuges, afin qu'il fe faffe vne fidele inftruction

des affaires, qui puiſſe ſeruir d'vn
ſolide fondement aux ſentences
diffinitiues , & aux Arreſts des
Cours ſouueraines. Parmy cette
election d'hommes vertueux que
fit Moyſe, pour luy aider à terminer les affaires d'vn peuple confus,
duquel il eſtoit obſedé depuis le
matin juſques au ſoir, il ne ſe parle point de procureurs, ny d'aduocats, qui n'euſſent point eſté ou-
bliez par vn ſi ſage Legiſlateur, s'il
euſt eſtimé en auoir beſoin pour
l'expedition des affaires.

A bien conſiderer leur employ,
ils paroiſſent eſtre comme vn
exain d'hommes ſuperflus, du ſecours deſquels on pourroit aiſément ſe paſſer, ſi la nonchalance
des parties intereſſées ne les y euſt
point appelez. En effet quel beſoin

est-il qu'vn Iuge apprenne le differend qui est entre mon voisin &
moy par vne autre bouche que la
nostre. Il n'en peut estre mieux
instruit que de nous qui sommes
les interessez : Pouuons-nous pas
luy faire aussi-bien entendre nos
raisons qu'à vn procureur ou à vn
aduocat, qui le doit sçauoir de
nous auant que de les déduire en
Iustice. Toute eau doit estre plus
claire en sa source qu'en son ruis-
seau ; Il est certain que la plus
grande partie des procedures qui
font durer les procez cesseroit, si
nous estions ouïs par nos bou-
ches, & que nous joüirions de
la promesse que l'Escriture fait au
peuple d'Israël de s'en retourner
en paix chacun chez soy dés le
mesme jour, en obeïssant à la sen-

tence de celuy qui luy aura esté
subdelegué pour le juger; & qu'en
ce faisant Dieu seroit auec luy.
Nous voyons au contraire que
parmy nous il s'en absente, quand
il nous fait passer par les mains
d'vn si grand nombre d'officiers
de Iustice, qui nous balottent &
tiennent les affaires dans vne si
grande longueur, que pour les
solliciter il nous faut souffrir vn
exil perpetuel hors de nos maisons; & qu'apres les auoir ter-
minées, Dieu se rencontre aussi
peu souuent auec le vainqueur
comme il fait auec le vaincu.

Ie ne suis pas assez instruit de
l'Histoire ancienne, pour sçauoir
si les Grecs & les Romains qui ont
esté de grands politiques, ont eu
les mesmes officiers de Iustice que

nous auons, & fi ce mot de clien
fe rapportoit entr'eux à la perfonne du plaideur, & celuy du pa-
tron à celle de l'aduocat, ou fi
c'eftoient deux fortes de gens,
dont l'vn fe mettoit fous la protection de l'autre, qui l'y receuoit:
car ie n'eftime point que dans ces
deux republiques, où vn chacun
pouuoit auoir part aux affaires,
il y ait eu quelque perfonne fi
peu inftruite des fceances, qu'e-
ftant appellée en jugement deuant le Preteur, le Quefteur, ou
deuant le peuple, elle ait eu befoin pour fe deffendre d'vn autre aduocat que d'elle-mefme ;
Mais comme c'eftoient des eftats
où toutes fortes de conditions
eftoient appellées dans les affaires
publiques, & qu'il falloit rendre

compte au Senat & au peuple de
leur negotiation, & se deffendre
deuant eux si on estoit accusé d'a-
uoir mal versé; la partie interes-
sée pouuoit alors appeller à son
secours vne personne plus elo-
quente qu'elle pour la deffendre,
qui sous le nom d'orateur luy tenoit lieu de son aduocat. Il me
souuient aussi d'auoir leu dans
Ciceron en quelque lieu, qu'aux
jours que le Senat n'assembloit
point, il y auoit tousiours sur la
place quelques anciens Senateurs
qui donnoient gratuitement leur
aduis, si on auoit quelque chose
qui fust importante à leur demander, & que ces personnes-là
estoient consultées comme le font
presentement nos aduocats.

Ceux qui ont voulu raffiner sur

la politique, ont eftimé que cette
multitude d'officiers, quoy que
fuperflus, n'a pas efté feulement
tolerée de nos Roys, mais qu'elle
a efté introduite par vn fecret my-
ftere d'Eftat. Ils ont reconnu premierement que noftre Nation
eftant belliqueufe & naturellement inquiette, auoit befoin de
quelque occupation qui luy puft
feruir d'amufement & fixer la le-
gereté de leur efprit. Ils ont reconnu en fecond lieu que la France eftant fcituée dans vne efleua-
tion du Pole fort temperée, ne
pouuoit manquer d'eftre fort po-
puleufe & feconde en hommes, &
que pour les maintenir en paix il
eftoit neceffaire de leur donner
quantité de loix & de couftumes
differentes, & quantité d'offi-

ciers auſſi pour les interpreter,
afin que la plus grande partie des
affaires qui eſt ſouuent à deux fa-
ces & à deux enuers, fuſſent tousjours dans vn flus & dans vn reflus
perpetuel. Ainſi le procez n'eſtant
qu'vn petit conflit, qui ſe fait entre quelques particuliers, ne pouuoit iamais exciter vne guerre ciuile ; là où ſi cette multitude
infinie d'hommes, qui fourmille
parmy nous, n'eſtoit point occu-
pée en cette contention particuliere que cauſe la diuerſité des
procez, & que tous les officiers de
Iuſtice n'euſſent point quelque
intereſt de nourrir cette Hydre,
de laquelle ils ne coupent jamais
vne teſte qu'il n'en renaiſſe pluſieurs autres ; il eſt certain que
tant de peuple, qui ſeroit oiſif, ne

se tiendroit jamais dans l'obeïssance qui est deuë au Prince; de sorte que le procés, qui n'est qu'vn petit esgoust de quelques mauuaises humeurs, est en quelque façon vn preseruatif contre vn plus grand mal, comme le pourroit estre celuy d'vn souleuement ou de quelque seditieuse nouueauté dans l'estat.

La mesme raison d'Estat fait qu'on tolere aussi parmy nous vne chose qui a esté renduë legitime par l'vsage qui ne le paroist pas en effet, qui est de permettre aux jeunes gens de l'vn & l'autre sexe de se jetter dans vn Conuent, sans attendre le consentement de leurs parens, pour y faire les vœux de pauureté, de chasteté & d'obedience dans vn âge auquel

le jugement n'eſt pas encore tout
à fait formé, ſans pretendre d'attenter à l'autorité des Conciles
& à l'vſage de l'Egliſe que ie reſ-
pecte ; de ſorte qu'il ſemble que
ce ſoit agir contre la droite raiſon
& vne eſpece d'infanticide de
ſouffrir qu'vn enfant âgé ſeulement de quinze ou ſeize ans, diſ-
poſe en cét âge-là, malgré ſes parens, de la ſeule choſe qui eſt en
ſa puiſſance, qui eſt ſa liberté,
& qu'il faille que la meſme loy
du pays, qui luy donne ce pouuoir, luy oſte celuy de diſpoſer
de tous ſes autres biens, qu'il ne
ſoit auparauant deuenu majeur.

Quoy qu'il paroiſſe d'abord
que la tolerance de ces trois vœux
prematurez, qui ſe font auant la
majorité, ayent quelque choſe

en eux qui foit contre le bon fens
& l'équité naturelle ; fi eft-ce toutefois que fi on examine l'vtilité
qui en reuient au public, on trouuera premierement que les deux
vœux de pauureté & de chafteté,
quoy que faits hors de leur faifon,
feruent d'vne grande defcharge
aux familles particulieres & à
l'Eftat, & que celuy de l'obedience, qu'on dit eftre le plus difficile
de tous, fe rend plus aifé, quand,
de l'obeïffance qui s'eft renduë
tout fraifchement à vn pere & à
vne mere, jufques en l'âge de
quinze ou feize ans, on paffe fous
la direction d'vn aduifé Superieur
ou d'vne fage Superieure, que
quand dans vn âge plus meur &
plus auancé, on a contracté quelque mauuaife habitude, fous la

tyrannie de laquelle se trouue
desja assujettie la liberté de nostre volonté propre.

Le vœu de pauureté, qui consiste seulement à n'auoir rien en
propre à soy, n'exclud point celuy qui le fait de joüir en communauté de toutes les commoditez
de la vie, comme il se void en toutes les maisons Religieuses man-
diantes, ou rentées. On permet
aux jeunes gens de le faire pour
preuenir les desbauches que l'a-
bondance des biens peut causer,
quand on est en l'âge de les posse-
der ; & afin aussi que par cette dé-
charge la maison & la succession
du pere se puisse mieux conseruer
en son entier.

Pour ce qui est du vœu de la
chasteté, il est absolument impor-

tant qu'il foit permis de le faire
en cét âge-là, dans vn Eftat tel que
le noftre, qui n'eft que trop remply de peuple, & le feroit encore
dauantage, fi la porte des Conuents n'eftoit point ouuerte à vne
infinité de jeuneffe, qui dans l'âge
d'vne puberté naiffante n'a pojnt
encore eu que de foibles & imparfaits mouuements d'incontinence, qui fe feroient beaucoup
mieux fait fentir dans l'aage de
leur virilité, s'ils l'auoient atten-
duë auant que d'y entrer, fans le
fecours d'vn vœu de cette nature
qui eft fterile & infecond ; il eft
certain que l'Eftat feroit furchargé d'vn nouueau monde de Reli-
gieux & de Religieufes , & de
leurs generations qui feroient vne
fi grande inondation de peuple,

qu'vne partie feroit contrainte de
mourir de faim, ou d'aller chercher ailleurs de nouuelles terres
pour viure.

Les débordemens des Alle-
mands en Gaule du temps de Cé-
far; ceux des Cimbres & des Teu-
tons en la Gaule Narbonnoife,
que deffit Marius; & les noftres
fous Brennus, dans l'Italie, dans la
Grece, & dans vne partie de l'A-
fie, à laquelle eft encore demeuré
le nom de Gallogrece; & celle des
Vandalles, des Hums & des Vifi-
gots fur nos terres, n'ont apparemment procedé que de ce que
dans le Paganifme peu de gens
ont fait le vœu de chafteté. A pre-
fent que ce vœu s'eft rendu fi
commun dans toute la Chreftien-
té, qui fait la meilleure partie de
l'Europe,

l'Europe, nous ne voyons plus le dégorgement de toutes ces inondations. Et certes quand nos Heresiarques nouueaux ne seroient point coupables d'aucun autre crime public, que de celuy de vouloir oster le celibat des Ecclesiastiques, & fermer la porte des Conuents à eux & à nous, on ne peut les excuser qu'ils ne soient en cela criminels d'Estat & de leze Majesté.

Nous voyons en ce chapitre la necessité qu'il y a que ceux qui sont employez dans les offices de Iudicature soient puissans, craignant Dieu, veritables & haïssant l'auarice ; & que quoy qu'il y ait des choses tolerées dans vn Estat, qui paroissent d'abord superfluës & illegitimes, il ne les faut pas

Z

temerairement condamner sans
auoir auparauant bien examiné
les causes qui les ont introdui-
tes.

⸎⸎⸎⸎⸎⸎⸎⸎⸎⸎✦⸎⸎⸎⸎⸎⸎⸎⸎⸎⸎

CHAPITRE XIX,

QV'IL N'APPARTIENT QV'AV
Roy d'ordonner de l'employ & de la vacation
d'vn chacun. Et que nous sommes tous capa-
bles de faire toutes sortes de mestiers.

COMME nous voyons que
dans la teste de l'homme il
reside vn certain esprit de direction, qui seul a la puissance de
faire agir la fonction de chaque
partie du corps; & que quoy que
les yeux, les aureilles, & la langue,
soient doüées d'vne faculté visi-
ue, auditiue & vocale; & que les
mains & les pieds le soient aussi
d'vne puissance motrice, ils ne

peuuent non plus que ces autres
parties-là, faire la fonction de laquelle ils sont naturellement capables, que par l'impulsion qu'ils
en reçoiuent de ce mesme esprit.
Ainsi dans le corps politique,
quoy que les Grands, qui en sont
les yeux, les aureilles & la langue;
& que le menu peuple, qui en represente les pieds & les mains,
ayent en leur particulier vn talent
naturel qui les rend habiles à faire chacun sa fonction pour le bien
commun de l'Estat, ils ne la peuuent produire auec ordre, que selon le choix qui en est fait, & la
concession qui leur en est donnée
de l'esprit du Prince, auquel toute cette direction appartient; &
qui, comme celuy qui en est le
chef, peut ordonner de la place

& du rang que doit tenir vn chacun; de la vacation qu'il doit exercer ; du meſtier auquel il ſe doit
appliquer ; & de voir s'il y a rien
de mal rangé, de defectueux, ou
de ſuperflu dans la diſpoſition de
toutes ces conditions, afin d'y remedier promptement.

Tout gouuernement politique
ne peut eſtre bien inſtitué s'il n'a
eſté formé ſur le modele de la famille, qui luy a ſeruy de premier
fondement. Le pere, qui en eſt le
chef, luy tient lieu de ſouuerain ;
les enfans, qui comme les principaux domeſtiques ont les premieres charges dans le meſnage, repreſentent les Grands de l'Eſtat ;
& les valets de peine repreſentent
le menu peuple, qui eſt employé
dans les arts mechaniques & ſer-

uils, qui, quoy que les plus bas,
ne font pas moins neceffaires que
les autres pour le maintien de la
famille & de l'Eftat. Ainfi il eft
certain qu'il ne peut jamais y auoir
vne bonne harmonie entre les
parties baffes & hautes qui entrent en la compofition de ces
deux formes de gouuernement, fi
elles ne font bien concertées enfemble, & que le Prince & le pere
de famille ne foient les deux maiftres du chœur.

Ce ne fut donc pas fans raifon,
fi outre le foin des loix & de la Religion, Moyfe fe referua encore
pour luy feul celuy de monftrer
au peuple la voye qu'il deuoit tenir, *Et opus*, dit l'Efcriture, *quod
vnufquifque facere debeat*, qui fut
vn moyen de conferuer fon au-

torité fur toutes fortes de conditions, en difpofant de la vacation & du meftier que chaque
perfonne feroit obligée d'exercer
en faueur de la communauté.

Cette fubordination de conditions & d'emplois fous vn chef,
n'eft qu'vne imitation des differens eftages de nature dans l'vniuers, où il fe fait vne liaifon fi neceffaire des chofes grandes auec
les petites fous la direction de fon
auteur, que fa beauté & fa durée
ne fe peuuent conferuer que par
là. Cette mefme fubordination eft
fi effentielle pour le maintien de
quelque forme d'Eftat que ce
foit, qu'il n'y a point de police qui
puiffe fubfifter fans elle.

Auffi auons-nous veu que fous
les Roys, les Romains diuiferent

leurs citoyens en Senateurs, Cheualiers, & le menu peuple; &
quand leur Eſtat deuint populaire, ils conſeruerent cette meſme
diuiſion. L'Eſtat de Veniſe eſt
compoſé de nobles, de citadins,
& du peuple. Celuy d'Egypte l'e-
ſtoit de Preſtres, de gens-d'armes
& d'artiſans. Nos anciens Gaulois
ont eu leurs Druides, qui auoient
le ſoin des loix & de la Religion;
Ils auoient auſſi leurs gens de cheual qui eſtoient employez pour la
guerre, & le menu peuple pour
toutes les manufactures. Preſentement nous auons parmy nous
le Clergé, la Nobleſſe, & le tiers
Eſtat, dans lequel ont eſté confon-
dus toutes ſortes de Magiſtrats
auec le menu peuple; la Nobleſſe
par ſa nonchalance, ou par vne

fauſſe police, ayant negligé ou laiſſé vſurper ſur elle toutes les charges de judicature, deſquelles originairement elle eſtoit en poſ-ſeſſion.

Le Clergé tient le premier rang dans l'Eſtat ſous l'autorité du Roy, Dieu nous ayant fait voir l'excel-lence des Roys en la perſonne de Moyſe, auquel fut donnée la Loy ceremoniale, la diſpoſition de toutes les fonctions des Leuites, la commiſſion de faire baſtir le Tabernacle & le Sanctuaire, & d'ordonner des ornemens Sacer-dotaux, & de tout ce qui faiſoit beſoin pour le ſeruice diuin.

Nos Roys ſont les cenſeurs na-turels de leur Royaume, comme ils en ont fait la diuiſion en trois Corps; à ſçauoir du Clergé, de la

Nobleſſe, & du tiers Eſtat. C'eſt
à eux ſeuls auſſi qu'appartient directement le pouuoir de faire vne
reueuë ſur ces trois Corps, dans
les choſes qui regardent l'Eſtat,
& d'examiner s'ils ont conſerué la
juſte proportion qu'ils doiuent
auoir, & ſi chaque Corps eſt demeuré dans ſes dimenſions legi-
times qu'il ne doit point outre-
paſſer.

C'eſt à luy de voir ſi le Clergé,
qui tient le premier rang dans
l'Eſtat, qui eſt diſpenſé de la guerre, & de toutes ſortes de charges,
& qui tient en main-morte toutes
les terres qu'il poſſede, n'eſt point
aſſez riche ſans qu'il luy ſoit encore permis de receuoir de nouuelles fondations; & s'il ne ſeroit
pas plus juſte, s'il luy reſte quel-

que chofe de fuperflu, qu'il fuft
employé pluftoft en aumofnes,
qu'en de nouueaux acquefts, qui
ne fe peuuent faire qu'à la foulle
des laïques & de l'Eftat.

Bodin remarque en fa Republique, que la fupputation du reuenu des Ecclefiaftiques s'eftant
faite de fon temps, par Monfieur
Laleman premier Prefident en la
Chambre des Comptes, il fe ve-
rifia que des douze parts des biens
du Royaume, ils en poffedoient
les fept; cela eftant, ils fe trouuoient beaucoup mieux partagez
que ne le furent les Leuites, qui
eftoient employez comme eux
dans le Seruice diuin, lefquels
n'eurent que la difme des biens
de toutes les autres lignées, &
quelques Villes de retraitte pour

eux, fans auoir eu nulle autre part
que celle-là dans la Terre promi-
fe, & mefme fous cette condition
que leurs difmes feroient encore
difmées, pour la fubfiftance de
leur fouuerain Pontife, & de toute
fa famille; On ne peut douter que
ce partage n'ait deu fuffire à leur
entretenement, ayant efté fait de
la main mefme de Dieu, & non
pas de celle de l'homme.

Nos Ecclefiaftiques dans ce
pieux empreffement où l'on a efté
autrefois de leur faire des fondations & des aumofnes à pleines
mains, deuoient ce me femble,
à l'exemple de Befefeel & d'Oo-
liab (qui furent employez de Dieu
pour la fabrique du Tabernacle, du
Sanctuaire, & de tous les vftanci-
les & veftemens Sacerdotaux) fai-

re crier comme eux à fon de trom-
pe qu'on ne leur donnaft plus aucune chofe, & qu'ils en auoient
fuffifamment, & particulierement
les maifons Religieufes qui font
rentées, aufquelles il ne faut que le
neceffaire, ayant fait le vœu de
pauureté; mais au lieu de fe contenter de cela, nos loix, toutes fe-
ueres qu'elles font, ont efté fi com-
plaifantes, que la prefcription
qui pour la feureté publique fe reduit à trente ans entre tous les
autres fujets du Roy, n'a point de
mefure contre eux; D'où il arriue
fouuent qu'vn heritage qui aura
efté poffedé par vn temps imme-
morial, & partagé peut-eftre &
repartagé fept ou huit fois entre
des coheritiers, eft arraché des
mains de fon poffeffeur, ce qui

cause vne semence infinie de procez entre des parens, pour la li-
quidation du dédommagement
d'vn chacun, qui ne finit jamais
que par la ruïne de toutes les familles interessées ; & ce que ie
trouue de plus rare en cecy, c'est
que dans ces occasions il n'y a
point d'Ecclesiastique qui ne
vous dise qu'en conscience on ne
peut se dispenser de causer tout
ce desordre, sans estre vn deser-
teur de la cause de Dieu. Ie le prie
de nous preseruer de tels Casuistes
qui ont la conscience si tendre ;
& de tels voisins.

Pour ce qui est de la Noblesse,
soit que les Grands, qui sont à la
teste de ce Corps, ayent amiable-
ment conuenu du plus digne
d'entr'eux pour les commander,

ou que quelqu'vn d'eux par audace ou par vſurpation s'en ſoit
rendu le maiſtre, tousjours il a
fallu que la vertu qu'il a euë luy
ait plus aydé que ſon audace, à
remplir cette premiere place. En
effet, il eſt certain que la vertu
des premiers Conquerans n'a pas
eſté ſi eſpurée, qu'ils n'ayent eſté
contraints d'employer beaucoup
de mauuais moyens pour arriuer
à leurs fins. Mais puiſque leurs vices ne ſont à preſent à noſtre reſpect qu'vn venin qui ne peut plus
nuire, & que la memoire des vertus qui les ont eſleuez ſur le Troſne s'eſt conſeruée juſques icy,
nous leur deuons, auec noſtre ſou-
uenir, noſtre eſtime & noſtre imitation. Ainſi nous deuons conſiderer tout Souuerain comme vn

chef du corps de la Nobleſſe, auquel ſon merite a donné le premier rang.

Ce Corps eſt diuiſé en trois
eſtages : Le premier eſt remply de
ceux qui par leurs grands ſeruices
ſe ſont rendus dignes des principales charges de l'Eſtat, ou de
ceux de qui les peres les ont oc-
cupées, & qui ſont encore en paſſe
pour y reuenir à leur tour. Le ſecond eſt de ceux de qui la tige eſt
noble & ancienne ; mais qui s'eſt
foiblement ſouſtenuë par ſa nonchalance, ou faute de biens ou
d'employ. Le dernier eſtage eſt
de ceux qui eſtoient du tiers Eſtat,
qui ont eſté nouuellement anno-
blis pour des ſeruices rendus dans
les armées, ou par le ſon de la clo-
che, comme les Eſcheuins & Mai-

res de quelques Villes priuilegiées, ou pour auoir financé quelque argent dans l'Espargne.

Les premiers Nobles, qui sont
les Grands, sont comme des co-
lomnes desquelles on ne se peut
passer, pour ayder à soustenir vn
si grand edifice, comme est celuy
d'vne Monarchie; Ils sont neces-
saires pour accompagner comme
de moindres lumieres, le brillant
de la Majesté royale, pour estre
les vns de ses conseils, & les autres
de ses plaisirs & de ses diuertisse-
mens; mais il ne faut pas qu'ils
soient en si grand nombre, ny si
haut esleuez qu'ils deuiennent
semblables à ces bois taillis, dans
lesquels si les grands arbres ne sont
vn peu clair semez, il ne renaist
plus sous eux que des brossailles.

Quant

Quant à ce qui eſt de ceux du
ſecond eſtage, dont le Sang eſt
noble & ancien, il eſt certain que
le nombre en eſt aſſez grand. Mais
pour auoir veſcu faineants & obſ-
curs chez ſoy, eux, & quelques-
vns de leurs deuanciers, il s'eſt
fait dans pluſieurs familles illu-
ſtres du premier & du ſecond Ordre, vne ſi grande eclipſe de la
lumiere ancienne, qu'il n'en paroiſt plus aucun rayon, que dans
quelque vieille pancarte moiſie
qu'ils ont eſté plus ſoigneux de
conſeruer, que de taſcher à l'imitation de leurs peres, de reluire
comme eux de leur propre lumiere. Ces gens-là peuuent bien monſtrer quelques titres de la redeuance deuë par leurs tenanciers,
où qu'ils ont vne poſſeſſion imme-

A a

moriale des honneurs de leurs Eglises; ce qui ne leur donne aucun rang que chez eux. Il n'y a que la vertu seule & le merite qui le donne par tout, & sur tout la vertu militaire, de laquelle la vraye Noblesse & l'autorité mesmesme des Roys ont procedé. Ainsi comme on s'est annobly par seruices en ce mestier, on peut se des-annoblir en ne le faisant plus.

Les deux premiers ordres de la Noblesse dont ie viens de parler, sont les ouurages du temps, le dernier l'est de la grace des Roys, qui pour remplacer l'ancienne Noblesse qui est morte à la guerre, ou qui s'est aneantie ou abastardie par le temps, à la vicissitude duquel toutes choses sont sujettes, ont voulu pour le bien de l'Eſtat que ceux qui ne ſont pas nais gentils-hommes le peuſ-ſent deuenir, ou par leurs ſeruices rendus dans les armées, ou pour auoir eſté eſleuez Maires ou Eſ-cheuins en quelques Maiſons de Villes priuilegiées, ou pour auoir financé quelque argent dans la neceſſité de l'Eſpargne.

La plus noble de ces manieres eſt celle des ſeruices rendus dans la guerre. Les deux autres en effet, ſont pluſtoſt pour ſeruices à ren-dre, que pour ſeruices rendus, & pour s'enrooller dans le Corps de la Nobleſſe, comme de nouueaux oſtages qui ſe deuoüent au ſerui-ce du Roy. C'eſt pourquoy il ſe-roit neceſſaire qu'eux & leurs en-fans juſques à la troiſieſme gene-ration, fuſſent obligez de faire le

meftier, fans pouuoir demander
leur miffion, qu'apres auoir feruy
jufques à vn certain temps. Par ce
moyen les vieux corps de Caualerie & d'Infanterie fe rempliroient
de ces gens-là, qui pour fe faire
voir dignes de l'honneur qu'ils
auroient receu, s'efforceroient d'é-
galer, & mefme de furpaffer la valeur & le merite des anciens gentils-hommes, & de releuer par
leur vertu la baffeffe de leur naiffance. Ainfi l'ancienne Nobleffe
fouffriroit fans jaloufie que la nouuelle luy fuft affociée, quand par
fa valeur & l'affiduité de fes fer-
uices, elle feroit deuenuë ancienne & patricienne comme la leur.

Il ne me refte plus qu'à traiter
du tiers Eftat, qui eft diuifé en
deux chefs; l'vn eft du menu peu-

ple, & l'autre de tous les officiers
qui feruent à la Iuſtice. Ce dernier eſt remply de tant de parties
inutiles, qui ont jetté de ſi profondes racines auec le temps, qu'il
eſt impoſſible de retrancher tout
ce qu'il y a de ſuperflu, que tout
le corps n'en ſoit eſbranlé. Mais
auant que d'y trauailler, il faut attendre que l'Eſtat ait repris vne
partie de ſon embonpoint, & que
la ſuffiſance du Roy dans les affaires juge qu'il y faut remedier.

Laiſſons-le donc au nombre des
maux qui ſont incurables, & ve-
nons à l'autre partie du tiers Eſtat,
qui eſt celle du menu peuple, que
ie reduis toute entiere ſous le nom
d'artiſans ; parce qu'il n'y a point
de marchands en gros, ou en détail, qui compoſent le corps des

Bourgeois, qui n'ayent befoin
d'art pour le commerce & pour le
debit de leurs marchandifes; ny de
mercenaires, qui vendent la peine
de leurs bras, qui n'ayent befoin
de quelque induftrie.

Pour mettre chaque chofe en
fon ordre, la vie de pafteur, ce me
femble, doit tenir le premier rang
entre les arts ; parce que toutes
les commoditez qui fe retirent de
la bergerie, & du gros & du menu
beftail, ont le plus aydé à fatisfai-
re au premier appetit de nature,
qui eft celuy de viure. Celuy de
fe veftir a efté le fecond, duquel
nos premiers parens nous donnerent l'inuention quand ils fe cou-
urirent de peaux, ce que l'honne-
fteté ne permet pas d'eftre expofé
en veuë. De forte que quand l'Ef-

criture nous dit que Dieu leur fit
des habillemens de peaux , vray-
semblablement cela se doit entendre qu'il leur endurcit la peau,
parce que la nudité du corps peut
resister aux injures de l'air comme celle du visage , & que nous
voyons encore la plus grande partie des peuples nouuellement dé-
couuerts aller tous nuds.

La necessité de se loger vint en
suitte, qui fut premierement sous
des tentes , qui sont logemens
portatifs, qui se remuënt selon la
necessité qu'en ont les pasteurs
en faueur de leur troupeau. Iabel,
fils de Lamech, en fut le premier
inuenteur. Ie trouue aussi dans les
saintes Lettres qu'en ce mesme
temps, où il n'y auoit encore que
des bergers , l'art de la Musique

A a iiij

fut inuenté par Iubal frere de Iabel ; art abfolument neceffaire
pour adoucir vn peu, par le fon de
la voix, ou du chalumeau, qui eft
vn doux entretien de foy-mefme,
l'ennuy d'vne vie fauuage & foli-
taire, comme l'eft celle d'vn pafteur.

Le monde alors eftant accrû
de plufieurs generations, n'euft
pû fubfifter plus long-temps, fi
Tubalcaïn, frere des deux autres,
n'euft trouué l'inuention de fa
forge, du fer & de l'airain, fans
l'ayde de laquelle l'agriculture, ny
prefque tous les autres arts mechaniques, qui font neceffaires à la vie
de l'homme ne pouuoient eftre
mis en vfage.

Ainfi nous voyons que peu
apres tous les arts qui nous font

befoin, ont efté inuentez fucceffiuement, & qu'encore que toute l'efpece de l'homme, eftant
doüée de raifon, fuft capable de
l'inuention & de la manufacture
de toutes fortes d'arts; la nature
neantmoins a voulu qu'vn chacun
de nous s'appliquaft par élection,
l'vn à vn meftier & l'autre à vn autre, afin que dans la neceffité d'vn
fecours mutuel & reciproque, noftre focieté fuft plus ferme &
plus eftroite entre nous.

Pour preuue que l'homme eft
capable de l'inuention des arts
qui luy font neceffaires, & qu'il
en a les femences en luy, c'eft que
dans la nature irrationelle des
brutes, il n'y a pas vne feule efpece qui n'ait chacune en fa maniere vne faculté rationelle de

mettre en vſage l'art qui luy eſt
neceſſaire pour ſon beſoin particulier ; par exemple nous voyons
que le verà ſoye fait le meſtier de
foullon dans le cotton qui ſort de
luy, qui luy ſert de couuerture &
de matelas; Que l'areignée fait celuy d'vn Tiſſerand & d'vn Oyſe-
leur, dans ſa toile & dans ſes filets;
Que l'hirondelle & l'abeille font
celuy d'vn Potier & d'vn Archite-
cte, pour leurs logemens; & ainſi
des autres. Si donc cette faculté
rationelle des arts eſt innée diui-
ſément & par parcelles en toute la
nature des brutes, ſelon le beſoin
qu'elles en ont ; il s'enſuit qu'elle le doit eſtre collectiuement &
en gros en l'homme, qui naturellement eſt doüé de raiſon, & que
ſon eſpece qui a beſoin de toutes

fortes d'arts pour son vsage, doit
auoir vne faculté de les inuenter,
& que celle des brutes n'est capable simplement que de celle qui
luy est necessaire.

Peut-on des-auoüer que l'homme n'ait en soy les semences des
arts, quand on considere que tout
art s'apprend ou de quelqu'vn qui
le monstre, ou par les liures qui en
traitent, ou par vne forte application qu'on y apporte soy-mesme; Ceux qui l'apprennent d'vn
maistre ne s'auancent gueres, s'ils
ne sont attentifs à ce qu'on leur
monstre, s'ils ne l'examinent &
s'ils ne l'approuuent. Or est il
que cét examen & cette approbation ne se peut faire s'il ne se
sent auparauant dans l'esprit du
disciple quelque rayon visible de

la chofe enfeignée, de laquelle il ne fe fait point de tranflation dans l'auditeur, mais pluftoft on excite les femences des arts qui font en luy, lefquelles fouuent font fi preftes à fe produire elles-mefmes, que l'auditeur preuient la parole de celuy qui l'enfeigne, & luy fait voir qu'il l'entend auffibien que luy, & quelquesfois mieux.

C'eft pourquoy Socrate auoit accouftumé de dire qu'il eftoit femblable à vne Sage-femme, & qu'en enfeignant les hommes, il ne feruoit feulement qu'à leur ayder à enfanter le fait qu'ils auoient desja conceu. En effet, puifque toutes chofes ont entr'elles vne certaine connexité, leurs raifons auffi s'entretiennent, de forte que

d'vn principe enseigné ou connu
par soy-mesme, on passe aisément
à la connoissance de plusieurs choses, lesquelles ont leur liaison auec
ce principe, ou sa dependance de
luy. L'esprit de l'homme a la mesme faculté pour descouurir la verité, que les pieds l'ont pour che-
miner en auant. Enfin s'il est vray
qu'on ait appris quelque art, ou
quelque science de quelqu'vn, il
est vray aussi que ce quelqu'vn l'a
apprise d'vn autre, & cét autre
d'vn autre, dont le progrés jusques
à l'infiny, fait que j'infere qu'à ce
deffaut d'vn premier maistre, il a
fallu que c'ait esté là nature qui
en ait infus les premieres notions
en nos ames.

Ainsi nous voyons que l'homme, entant que raisonnable, peut

fçauoir toutes fortes d'arts & de
meftiers ; mais quoy que tous les
hommes foient compris fous vne
telle efpece, comme leur forme
exterieure a plufieurs fignes vifi-
bles, qui feruent à les diftinguer
les vns d'auec les autres, l'interieure auffi à beaucoup de cara-
cteres differens, qui quoy que
inuifibles fe reconnoiffent par la
diuerfité de l'occupation d'vn chacun. Cette difference de caracte-
res & d'emplois qui fe rencontre
en la forme exterieure & interieure de l'homme, eftoit abfolument
neceffaire pour euiter toute confufion ; fans elle il n'y a point d'E-
ftat qui puiffe eftre bien reiglé ;
parce qu'en la diffemblance des
vifages on reconnoift celuy auec
qui l'on traite, & que dans la di-

uerſité des arts & des meſtiers, qui
s'exercent ſelon le choix d'vn chacun, il ſe fait vn commerce d'of_
fices reſpectifs qui entretient la
ſocieté publique. C'eſt au Prince
ſeul de prendre garde, ſi en cette
diuerſité de meſtiers & d'emplois,
il n'y a rien de defectueux ou de
ſuperflu pour y remedier.

CHAPITRE XX.

QVE L'EXPERIENCE A FAIT reconnoiſtre le peril qu'il y a de trop agrandir vn ſujet, & de laiſſer faire à vn Miniſtre toutes les fonctions royales.

I'ESPERE de faire voir dans les Chapitres ſuiuans de quelles perſonnes ſe doiuent ſeruir les Roys pour leur ayder à rendre la Iuſtice à leurs peuples; & quelles ſont auſſi les choſes deſquelles la direction leur appartient à eux ſeuls. En cettuy-cy, ie pretends de monſtrer qu'vn Roy ne doit jamais agrandir vn ſujet plus que de raiſon, & qu'il ne peut laiſſer faire toutes les fonctions royales à vn ſeul Miniſtre ſans hazarder beaucoup, ny ſans offenſer Dieu, duquel il a ſa miſſion pour regner,

gner, & il ne l'a pas de fe démet-
tre de la puiſſance royale en faueur d'vn autre, ny de le laiſſer
agir en Roy.

Vn Roy, qui eſt l'Oinct du
Seigneur, peut auſſi peu transferer ſon Onction ſacrée à ſon
ſujet, qu'vn Chreſtien la grace
de ſon Bapteſme à vn Infidelle.

La Royauté, qui conſiſte en la
fonction, & non pas au titre, eſt
vne heredité qui luy vient par ſa
naiſſance, ou par eſlection, à laquelle la loy de Dieu, de nature,
& de l'Eſtat ne luy permettent
pas de renoncer.

Quoy qu'il paroiſſe aſſez ſuperflu de traiter cette queſtion,
maintenant que nous auons vn
Roy qui gouuerne luy-meſme
auec tant de prudence & d'e-

Bb

xactitude, qu'il ne laiſſe preſque
rien faire à ceux qui ſont de ſon
Conſeil, ſans y aſſiſter; Neantmoins parce qu'il y a vn nombre
infiny d'exemples de la trop
grande indulgence qu'ont euë
quelques Roys enuers leurs Mi-
niſtres & leurs Fauoris, ie ne laiſ-
ſeray pas, en faueur des ſiecles
à venir, de démonſtrer combien
il eſt important à vn Prince de ne
deſcendre iamais de ſon Troſne
pour y laiſſer monter vn ſujet,
qui d'ordinaire ne ſe regarde
plus quand il y eſt, que du lieu
où il ſe trouue, & non pas du
lieu d'où il vient.

Ie diray donc que ſi les Princes n'ont pas droit d'aliener aucune partie de leur Royaume,
ny Prouince, ny Ville, ny Village,

ils se peuuent encore moins aliener eux-mesmes à leurs peuples,
qui est vn heritage sans prix s'ils
sont bons. S'ils en vsent autrement, ils ne sont plus alors l'i-
mage de Dieu qui ne met point
de Lieutenant en sa place pour le
gouuernement du monde.

L'vnité de la Monarchie ne
subsiste plus s'il y a deux personnes qui regnent. C'est vn monstre
à deux testes, si l'vne ne retient
seulement que l'ombre & le nom
de Roy, & que l'autre soit en
possession de la chose.

Le mariage d'vn Roy auec son
Estat n'est pas moins sacré que
celuy d'vn mary auec sa femme.
L'vn & l'autre n'ont point de
droit de les prostituer honteuse-
ment à leurs amis sans commet-

tre vn facrilege. Quand vn Prince efleue quelqu'vn outre mefure, il ne fait pas fimplement vne
injure publique à tous fes fujets,
mais il en attire auffi l'indigna-
tion, qui fera d'autant plus grande, fi le merite manque à fon
fauory. Mais certes il ne porte
pas loin la peine de fon peché,
en ce que toute la gloire du maiftre s'abyfme en celle de fon feruiteur, qui vfurpe l'honneur de
tout le bien qui fe fait, & laiffe
en partage à fon maiftre la honte
de tous les mauuais euenemens.

L'art & la prudence des gens
de la Cour, eft de fe tourner toûjours du cofté que la fortune reluit. Ils ne s'oppofent point à l'ab-
jection de celuy qui fe la procure luy-mefme ; ils ayment beau-

coup mieux eſtre reueſtus par celuy qui deſpoüille le Prince, que
d'eſtre deſpoüillez auec luy.

La grandeur qui ſe forme du
débris de celle du maiſtre, vient
quelquefois à vne ſi haute eſleua-
tion, que celuy qui l'a faite ne la
regarde plus qu'auec crainte &
eſtonnement, preuoyant le danger qu'il y auroit de la vouloir
abaiſſer. Comment y pourroit-il
remedier, veu que ſa liberté meſme ne demeure plus en ſa puiſſance ? Tous ceux qui s'approchent de luy ſont autant d'eſprits
achetez de ſes propres deniers,
payez pour l'obſeder & voir ce
qu'il fait, ce qu'il dit, à qui il
ſoûrit, à qui il compatit, ou qui
compatit auec luy, & s'il n'a point
de confidence auec quelqu'vn ?

C c

Bref on obferue tout en luy contre lui, iufquesà vn feul clin d'œil,
& aux rides mefmes de fon front.
Toutes ces precautions font
autant de moyens que cherche
vn debiteur ingrat & infoluable,
pour fe mettre en feureté contre
vn creancier auquel il doit tout,
qui ne poffede plus ny fortune ny
vie que fous le bon plaifir de celuy en faueur duquel il s'eft fi in-
confiderément defpoüillé. Finalement les exemples de Sejan
fous Tibere; de Stilicon fous Ho-
norius ; de Ruffin fous Arcadius;
& de Plautian fous Carracalle,
nous ont fait voir le danger qu'il
y a d'agrandir vn fauory auec tant
d'excés.

Le Theriaque, qui eft compofé de drogues mordicantes &

afpres, a toûjours en foy quelque
chofe qui defplaift à l'odeur & au
gouft. Cettuy-cy que ie prepare
en faueur des Princes , contre
leur aueuglé abandonnement entre les mains de leurs Miniftres
ou de leurs Fauoris, tout falutaire qu'il eft, peut bien auoir en
foy quelque amertume ; mais ie
l'ay adoucie autant que j'ay pû
pour leur en ofter le dégouft.

CHAPITRE XXI.

DES QVALITEZ QVE DOIVENT *auoir ceux qui sont du Conseil des Roys ; & qu'elles doiuent estre conformes à celles de l'esprit du Prince.*

I'AY tiré la plus grande partie de tous ces raisonnemens politiques des Liures de Moyse, comme de celui seul lequel ayant esté veritablement inspiré de Dieu, n'a iamais eu d'égal pour la conduite d'vn peuple. Mais quelque capacité qu'il ait euë pour cét effet, nous le voyons toutefois se plaindre souuent, de ce qu'il a esté commis à supporter seul la pesanteur d'vn si grand fardeau; tesmoin ce qu'il dit à Dieu aux Nombres, chap. xj. Pourquoy m'as-tu tant affligé, moy qui suis ton seruiteur,

uiteur, que de t'eftre defchargé
fur moy feul du poids entier de
toute cette populace; l'ay-je conceuë & engendrée, pour me dire
porte-là dans ton fein comme fi
tu eftois fa nourrice? Fay mieux,
Seigneur, ofte-moy la vie, ce me
fera vne grace pour me deliurer
de tous ces maux.

Ie ne voy point dans tous les
Auteurs profanes qui ont traité
de cette matiere, qu'il y ait rien
qui reprefente mieux l'extréme
difficulté qu'il y a de bien gouuerner vn Eftat, eftant feul, que ce
paffage de l'Efcriture, & qui dans
fa fuite nous enfeigne mieux ce
qui fe doit faire pour y remedier.

Pour foulager ce fage Condu-
cteur, Dieu luy commande d'af-

fembler les Septante, qui eftoient
les plus anciens du peuple, & de
fe trouuer auec eux à la porte du
Tabernacle d'Alliance. Alors le
Seigneur, dit l'Efcriture, defcen-
dit au milieu d'eux dans vne nuë,
pour monftrer la neceffité du fecret & de l'affiftance Diuine dans
vn Confeil d'Eftat ; & qu'en parlant à Moyfe il prit vne partie de
l'efprit qui eftoit en luy, & le fe-
para entre les Septante. Elle ne
dit pas que le Seigneur ait infpiré
aux Septante la capacité de bien
gouuerner, mais qu'il prit de l'efprit de Moyfe pour le mettre fur
les Septante qui deuoient eftre
de fon Confeil, pour nous faire
voir le rapport qu'il doit y auoir
du Sous-commandant au Commandant ; & que toutes les rouës
qui

qui feruent à faire mouuoir vn
Eſtat, doiuent auoir vn mouuement qui ſoit concentrique auec
celuy de la maiſtreſſe rouë, & faire vne reuolution qui ſoit conforme à la ſienne.

L'Eſcriture dit de plus dans ce
meſme chapitre, que quand le
Seigneur eut pris de l'eſprit qui
eſtoit en Moyſe pour le reſpandre
ſur les Septante, & qu'il eut repo-
ſé ſur eux, ils eurent le don de prophetie, qui ne les quitta jamais
depuis. Comme ſi ceux qui ſont
admis aux Conſeils d'enhaut deuoient, y éſtant appellez, auoir
part aux graces de l'Onction ſacrée des Roys, qui ſont les Oincts
du Seigneur. En effet, ceux qui
ſont employez dans les negocia-
tions importantes , & dans les

D d

grands emplois, n'acquierent pas
seulement la capacité de juger des
choses presentes par les passées,
mais ils peuuent encore, par vne
longue experience, descouurir
quel sera leur progrés vers l'auenir; qui est vn moyen infaillible
pour preuenir & pour euiter en sa
saison toutes sortes de bons & de
mauuais euenemens. Cette intelligence de juger du present par le
passé, & de l'auenir par le present,
est vne espece de prophetie parmy le peuple, qui n'examine pas
les choses de si loin.

Il y a encore vne autre chose en
ce chapitre qui est tres-digne de
remarque; à sçauoir, que ce mesme esprit de Moyse, qui fut mis
sur les Septante, reposa sur Esdat
& Medat, qui estoient de ce nom-

bre, & qu'ils prophetiſerent, quoy
qu'ils ne ſe fuſſent point trouuez
à la porte du Tabarnacle, eſtant
demeurez au camp pour y commander. Ce qui nous fait connoiſtre que tous ceux qui ſe tiennent
au lieu où leur deuoir les oblige
d'eſtre, ſont eſgalement ſuſcepti-
bles des graces du Seigneur, comme s'ils eſtoient à la porte du Sanctuaire, lieu qui fut aſſigné aux
Septante pour les receuoir.

Cette Hiſtoire ſainte nous fait
voir en la perſonne de Moyſe, qui
eſt le modele d'vn Souuerain, qu'il
ne ſuffit pas à vn Prince d'auoir
l'eſprit de bien gouuerner, ſi ce
meſme eſprit n'eſt reſpandu ſur
tous ceux de ſon Conſeil, qui nous
ſont repreſentez par les Septante.
Car comme il eſt l'image de Dieu

dans fon Eftat, & qu'il ne peut pas eftre par tout comme luy de prefence, il eft neceffaire au moins qu'il y foit par reprefentation, jufques à fes moindres officiers; & que comme il eft fait à la reffemblance de Dieu, qu'ils foient faits auffi à la reffemblance de leur Prince.

En effet, fi j'ay vn bon Roy, & qu'il me donne vn Lieutenant, ou vn Magiftrat, pour tenir fa place, qui ne le foit pas, comment pourray-je en fa perfonne reconnoiftre & refpecter vn portrait qui fera fi diffemblable à fon original? Il eft auffi peu permis en la police humaine de prendre en vain le nom de fon Prince, qu'en la diuine le nom de fon Dieu. C'eft vn mediocre foulagement à vn peuple que son Prince soit vigilant, laborieux & juste, si son subdelegué ne participe point au merite & à l'integrité de celuy duquel il occupe la place en son absence.

Quand ie considere toutes les bonnes qualitez qui estoient en Moyse, ie trouue qu'il n'y a jamais eu d'homme plus prudent que luy; Qu'il estoit incessamment occupé au seruice de son peuple ; Qu'il appaisoit tous ses differends; Qu'il trauailloit à luy faire auoir toutes ses necessitez ; & qu'il estoit, dit l'Escriture au 12. chapitre des Nombres, le plus doux de tous les hommes qui demeuroient sur la terre. Ainsi il ne se faut point estonner si estant remply de toutes ces graces, Dieu voulut puiser de son esprit, comme d'vne

D d iij

source feconde, toutes ces mefmes graces pour les refpandre fur
les Septante, afin qu'ils fuffent
plus capables de le foulager d'vne
peine qui luy eftoit infupporta-
ble, eftant feul.

Dans le dénombrement de toutes ces bonnes qualitez de Moyfe, où la Prudence eft en tefte, il
eft certain que c'eft par elle que
doit commencer la premiere di-
geftion des affaires, & qu'elle doit
eftre le premier talent du Prince
& de ceux du Confeil d'enhaut,
qui font choifis de luy pour auoir
part auec luy aux foins comme aux
dignitez de l'Eftat.

Quelqu'vn a definy la Prudence
vn art de bien conduire fa vie, qui
eft vne chofe beaucoup plus difficile à vn Roy, ou à vn Miniftre,

quand ils fe propofent de viure
d'vne vie mixte, dont vne partie
foit à eux, & l'autre au public,
qu'elle ne l'eft à vn homme particulier, duquel toute la prudence
roule fur le deffein qu'il a de paffer heureufement vne vie priuée
comme la fienne. Il n'en eft pas
ainfi de la prudence de ceux qui
font dans les grandes charges, qui
ne peut eftre parfaite, fi elle n'a
quelque vnion auec la fapience,
qui confifte en la connoiffance
des chofes humaines & diuines.

Quoy que cette vertu foit vn
don du Ciel, fi eft-ce qu'elle fe
peut former en nous en quelque
maniere par les preceptes des anciens Sages, dans le Confeil defquels, quoy qu'ils ne foient plus
en vie, il furuit encore quelque

D d iiij

esprit vital qui laisse en nos ames
vne viue impression de soy. La
connoissance de l'histoire aussi est
vn grand acheminement à cette
vertu diuine, laquelle en exposant
au jour, d'vne seule veuë, tout le
present & tout le passé, produit en
celuy qui la sçait vne faculté de
bien conjecturer de l'auenir, qui
donne beaucoup de creance dans
les affaires à celuy qui se l'est ac-
quise.

Toutes les autres vertus, hors
la Prudence, ne sont vtiles qu'à
celuy qui les possede. Il n'y a qu'elle seule qui le soit à tous : aux vns
en leur conseillant ce qu'il faut
qu'ils fassent; & aux autres en leur
commandant. Ainsi elle supplée
par son conseil & par son ordre à
la prudence d'autruy.

L'homme prudent eſt ſouuent en retraite en ſoy-meſme; il eſt ſecret, peu parlant, tardif à juger & à promettre, capable de faire le diſcernement des choſes & des hommes, & de tout deſcouurir ſans ſe deſcouurir qu'il n'en ſoit temps ; qualitez qui ſont toutes eſſentielles, & d'vn grand vſage, aux perſonnes qui ſont employées dans les charges publiques.

Le ſecond talent de Moyſe qui eſt le modele du Prince & de l'homme d'Eſtat, a eſté de veiller inceſſamment & ſans aucun relaſche à la conduite de ſon peuple. L'aſſiduité que rend l'homme dans le train de vie qu'il meine, ſoit à bien ou à mal, ne procede que de la puiſſance de ſa couſtume, ou d'vne inclination de nature qui ſe

plaift en ce qu'elle fait tous les
jours. Nous voyons l'exemple de
cela dans l'homme de crapule, qui
ne fe laffe jamais de la defbauche
du vin, ny le voluptueux de celle
des femmes. S'ils veillent & que
le corps ait vn peu de repos, leur
efprit y demeure tousjours attaché. S'ils dorment ils y refuent.
La mefme chofe fe voit parmy les
efprits de chicane, qu'on ne peut
arracher de deffus leurs paperaffes,
tant ce diuertiffement leur plaift.

I'ay ouy fouuent les gens de peine & de journée, fe plaindre de la
longueur & de la frequence des
Feftes. Vn pareffeux ne s'ennuye
jamais dans fa nonchalance. Cela
eftant, il ne fe faut point eftonner
fi les grands hommes d'Eftat, fous
le foin defquels repofe le falut

d'vn peuple entier, font infatiga-
bles dans vn employ qui, quoy
que penible, procure la felicité
de tant de gens.

I'ay leu dans Eufebe de Nie-
remberg, de la Compagnie de
IESVS, vne hiftoire qui merite
d'eftre mife icy. Il fe trouue, dit-
il, dans vn manufcrit tres-curieux
qui fut enuoyé à Philippes II. par
le Docteur Alonze Zonta, Auditeur dans la nouuelle Efpagne,
qu'en ce pays-là, apres l'élection
de leur Roy, ils le tiennent enfermé vn an, & fouuent deux, dans
vn Temple, d'où il ne fort point
que pour aller offrir quelquefois
de l'encens aux Dieux. Il y fait de
tres-aufteres penitences, & ne fe
couche jamais que fur de la natte.
Les quatre premiers jours qu'on

l'y met, il ne dort point, ny ne fe
tient point aſſis qu'vn tres-petit
eſpace de temps, ayant des gardes
auprés de luy qui le reſueillent,
en luy picquant auec des poin-
çons, les cuiſſes & les bras s'il ſom-
meilloit ; & en luy diſant, éueille-
toy Prince, on ne t'a pas mis en
charge pour dormir, il faut que tu
veilles en faueur de tes vaſſaux,
& que tu ayes touſiours les yeux
ouuerts pour leur conſeruation.
Cette hiſtoire nous fait voir que
tout homme de commandement,
Prince, pere, ou Magiſtrat, doit
veiller à la protection de ceux qui
luy ſont ſoûmis, & que ce luy eſt
vn deuoir naturel de le faire, puiſque ceux qui ne connoiſſent point
d'autre loy que celle de nature,
ont eu cette meſme creance.

I'ay traité dans quelque chapitre precedent de la diligence de
Moyſe pour appaiſer tous les differends que pouuoient auoir entr'eux les enfans d'Iſraël, & de
quelles perſonnes il ſe ſeruit pour
luy aider ; ie viens preſentement
au ſoin qu'il eut de pouruoir & de
ſubuenir à toutes leurs neceſſitez.

Apres leur ſortie d'Egypte, au
premier logement qu'ils firent
dans le deſert, il oſta l'amertume
des eaux de Mara, afin qu'ils en
puſſent boire. La manne & les
cailles leur furent données à ſa
priere l'eſpace de quarante ans,
pour leur pain de munition. Il
fit ſortir abondamment des eaux
d'vn rocher pour eſtancher leur
ſoif & pour abreuuer leur beſtail,

il defarma fouuent la main de
Dieu contre eux. Il leur donna la
loy morale, la ciuile & la ceremoniale pour les maintenir en
paix enfemble & auec Dieu. Enfin rien ne leur manqua fous fa
conduite.

Son principal foin fut celuy
des viures, parce qu'il n'y a rien
qui faffe plus de bruit, ny qui foit
plus feditieux qu'vn ventre affa-
mé. Ce fut pourquoy ce Romain
qui fut deputé du Senat pour faire venir des bleds de Sicile, fit
cette belle refponfe à fes amis,
qui le vouloient empefcher de paffer, parce que le vent eftoit contraire, & la mer fort agitée : *Ne-
cefſe eſt vt eam, non vt viuam*, il eſt
neceffaire que j'aille & non pas
que ie viue.

Dans les Commentaires de Cefar, ces deux mots de *Commeatus* & de *Frumentatum*, font fi fouuent repetez qu'il paroift bien qu'il eftoit impoffible de fubfifter fans l'vfage de ce que fignifient ces deux mots-là. Nous voyons encore parmy nous cette année quelle a efté cette neceffité, à laquelle fi la vigilance du Roy n'euft pourueu en faifant venir des bleds de tous coftez, & en les donnant à vil prix, en joignant à fon autorité celle des Parlements pour taxer les riches, & fi le Clergé & quelques Illuftres ne fe fuffent taxez eux-mefmes volontairement pour la fubuention des pauures, toute la France ne feroit prefentement qu'vn defert.

L'Efcriture remarque encore

que Moyſe eſtoit le plus doux de tous les viuans, *mitiſsimus ſuper omnes homines qui morabantur in terra*, aux Nombres 12. qualité plus neceſſaire à ceux qui ſont du conſeil du Prince qu'au Prince meſme, parce qu'vn chacun ayant accouſtumé de ſe faire accroire que l'injure qu'on a receuë eſt plus grande qu'elle ne l'eſt en effet, on meſure ſa vengeance ſelon l'opinion qu'on a de la grandeur de ſon affront. C'eſt pourquoy les Roys qui ſont naturellement plus emportez que les autres hommes, doiuent remettre le jugement de leur ſatisfaction à leur Conſeil, ne pouuant non plus que les perſonnes priuées, eſtre juges en leur propre cauſe.

La manſuetude eſt d'vn tres-grand

grand vfage dans la vie ciuile,
en ce qu'elle eft oppofée à la colere, qui eft de toutes nos paffions, celle qui offenfe plus la raifon en deux manieres. L'vne en
ce qu'elle ne luy donne pas le loi-
fir de l'efcouter, faifant comme
vn feruiteur impatient, qui part à
la premiere parole de fon maiftre,
fans luy donner le temps de fe
faire entendre, ou comme vn
chien de garde qui abaye au premier bruit, fans fçauoir fi c'eft
fon maiftre, ou vn larron qui le
fait. L'autre offenfe que la colere
fait à la raifon, eft de la troubler;
& alors elle n'a plus la mefme
clarté, ny la mefme fuffifance
qu'elle auoit auparauant, jufques
à ce qu'elle fe foit remife en fa premiere affiette.

E e

Dans l'emportement de la colere, noſtre raiſon eſt bleſſée auant
que noſtre ennemy le ſoit; de ſorte que ſi la manſuetude n'inter-
uient entre cette agitation de l'a-
me, & l'appetit de vengeance qui
eſt en nous, il eſt preſque impoſſible que noſtre jugement ne ſe
trouble dans la concurrence de
deux ennemis ſi puiſſans, deſquels
nous ſommes combattus.

Il n'y a rien qui repreſente mieux
l'immenſité de Dieu que ſa douceur & ſa debonnaireté, qui eſt en
luy ſans meſure. C'eſt en cela que
les Roys, & ceux qui ſont de leur
Conſeil, le doiuent le plus imiter.
Il faut qu'ils ſe perſuadent qu'ils
ſont nais pour le bien & pour le
ſalut de tous ceux qui leur ſont
ſoûmis: Que leurs mains ne doi-

uent jamais rougir que du fang de
ceux que l'intereft public requiert
qu'il foit refpandu: Et qu'ils incli-
nent toûjours vers la mifericorde
autant que la neceffité des loix le
permet.

Les Preftres de la ville d'Hielo-
polis ne prefenterent fimplement
que du miel fur l'autel du Soleil,
qui eftoit la Diuinité qu'ils adoroient, fans luy faire jamais aucun
facrifice fanglant ; eftimant que
ce feroit vn facrilege d'immoler
quelque animal que ce fuft à vne
puiffance d'où dériue vne fource
de vie à tout ce qui eft de viuant
en la nature.

Ie penfe auoir reprefenté toutes
les bonnes qualitez que doiuent
auoir ceux qui font appellez dans
le Confeil des Roys, qui font les

mefmes qui eftoient en Moyfe, &
qui furent prifes de fon efprit de
la main de Dieu pour eftre mifes
fur les Septante, qui compoferent
alors fon Confeil. Tels ont efté
cy-deuant, ce me femble, Mef-
fieurs de Sully, de Villeroy, de Sil-
lery, de Marillac, Bignon, le Prefident Ieannin, & les premiers Pre-
fidens du Harley, Molé, & de Bel-
lieure, defquels j'ay eu quelque
connoiffance. Ie me tais icy des
viuans, de peur de déplaire à leur
modeftie. S'ils fe gouuernent bien
ou mal, leur confcience, fans que
ie m'en mefle, leur en peut dire
tout bas vn petit mot à l'aureille.
I'ay affez parlé de ceux dont nous
auons veu l'autorité fi abfoluë,
qu'elle a efté pluftoft vn regne
qu'vn miniftere.

✳✳✳✳✳✳✳✳✳✳✳✳✳✳✳✳✳✳✳✳✳✳✳✳✳✳✳

CHAPITRE XXII.

DES FINANCES, ET DES moyens les plus vtiles pour chaſtier les Partiſans, & les gens d'affaires, qui ne font que les leur, par la loy de la cenſure.

DANS le ſixieſme chapitre j'ay fait voir comme ſe fit la multiplication des familles, & la neceſſité où elles ſe trouuerent de ſe reduire ſous quelque forme de gouuernement, leur eſtant du tout impoſſible de viure toutes enſemble tumultuairement & ſans ordre, & ſans occuper auſſi plus de terrein qu'ils n'auoient. Ce qui leur fut aiſé à faire, puiſque les autres hommes, qui eſtoient encore épars çà & là confuſément, ne pouuoient rien conteſter à vn corps compoſé deſia de pluſieurs parties

fi bien jointes, qu'il n'y en auoit
pas vne feule, qui fous l'autorité du
commandant & de la loy, ne con-
fpiraft au bien commun du total.

Ie fuppofe donc que cette multitude errante de peuple s'eftant
faifie, fans refiftance, de tout autant de terre qu'elle voulut, on fit
vn dénombrement de toutes les
familles qu'elle contenoit , &
qu'on donna à chaque famille en
fon particulier vne portion de terre vn peu plus grande qu'il ne fallut pour fa fubfiftance, à condition de payer vn certain droit annuel dans le trefor public, qui ay-
deroit à l'entretenement de la
maifon Royale, des gens de guerre, & de ceux qui feroient le Seruice diuin, qui tous ne trauaillent
point de leurs mains, & que le fur-

plus du terrein qu'on auoit occupé demeura fous la main du Prince, pour luy feruir de domaine & de fupplément aux autres neceffitez de l'Eftat.

Ce tribut impofé fur chaque famille, fut au refpect du Prince vn hommage & vne redeuance renduë à fa protection; au refpect des gens de guerre vne reconnoiffance de la defenfe qu'on tiroit d'eux; & au refpect du Sacerdoce vne oblation faite à Dieu en la perfonne de celuy qui l'exerçoit.

Cette diuifion de terre, & ce deuoir annuel, payable fur la portion dont chaque famille eftoit en poffeffion, a quelque rapport à ces mots de Caffiodore, en fon Epiftre 52. l. 2. *Orbis Romanus agris diuifus, cenfuque defcriptus eft, vt poffeffio sua nulli haberetur incerta, quam pro tributorum susceperat quantitate soluenda.* Elle a aussi quelque chose de mieux reiglé que celle qui se trouue dans Denis d'Alicarnas, domestique de Varron, le plus grand Antiquaire des Romains, qui dit que Romulus diuisa tout le territoire de Rome en trois parties, dont la premiere fut reseruée pour les particuliers habitans; la seconde pour le Sacerdoce; & la troisiesme pour le domaine de la Republique. Ce qui n'est point du tout vray-semblable, attendu que le corps de ce nouuel Estat n'estant composé que d'vne poignée de pasteurs & de bandis joints ensemble, leur aumosnier eust esté trop bien payé, & qu'ils n'eussent pû, n'ayant point en-

core d'efclaues, mettre en valeur
les deux parties affignées au Sacerdoce & à la Republique; chaque
particulier eftant affez occupé au
labourage des deux arpens de terre qui leur furent affignez.

Diodore le Sicilien dit que cette
diuifion de Romulus fe fit à l'imitation de celle des Egyptiens, qui
diuiferent anciennement tout le
reuenu d'Egypte en trois parties:
La premiere eftoit pour les facrifices & les Sacrificateurs; La feconde pour entretenir la maifon
du Roy, & fubuenir aux neceffitez publiques; Et la troifiefme,
pour le payement des Califines,
qui eftoient gens de guerre tousjours fur pied; comme fi toutes les
autres conditions du peuple d'E-
gypte, fçauoir de gens de Iuftice,

de laboureurs , d'artiſans , & de
gens de peine & de trafic, n'euſſent deu auoir en partage dans
l'Eſtat, que le ſoin de porter à l'Eſpargne tout le reuenu de leur in-
duſtrie & de leur trauail. Choſe ſi
ridicule en ſoy, que ie me ſuis ſouuent eſtonné comme il ſe peut
faire que des gens qui ont le ſens
commun quand ils alleguent
quelque antiquaille pour fortifier
ce qu'ils diſent, auant que de ſe
mettre à la queuë des autres, n'e-
xaminent vn peu mieux qu'ils ne
font, ſi la choſe alleguée peut
auoir quelque apparence de verité, de peur d'autoriſer quelque
erreur nouuelle par vne autre qui
eſt encore plus vieille.

Quoy qu'il en ſoit, il eſt conſtant que le domaine reſerué pour

la subsistance de la maison Royale, & la subuention des autres necessitez publiques, a esté le premier fond de leurs finances, &
qu'en cette consideration il est
tellement hypotequé à l'Estat,
qu'en quelque forme de gouuernement que ce soit, nous ne trouuons point qu'il se puisse aliener
à perpetuité, mais simplement engager pour vn temps, quand la
necessité le requiert. A vray dire,
les Roys en sont plustost les vsa-
gers que les vsufruitiers, tant il est
affecté au public. Les gens d'affaires disent que cette sorte de
bien a esté si mal mesnagé, & alie-
né à si vil prix, que si le Roy le
vouloit desengager, & le remettre sous sa main, il y auroit vn pro-
fit à faire qui seroit tres-conside-

rable. I'en laiffe la difcuffion aux
gens du meftier.

Le fecond & le plus affeuré fond
aux finances, eft le labourage de
la terre. La fertilité de celle d'E-
gypte, & la commodité de tranf-
porter les biens qu'elle produit
par le Nil, & fes fept emboucheu-
res dans la mer, font encore, &
ont toûjours fait fes minieres d'or.
Les bleds qui en fortent nourrif-
fent la plus grande partie du monde; noftre Europe mefme s'en reffent, quoy qu'elle en foit la plus
efloignée. Ainfi ie trouue en quelque forte excufable les folles &
anciennes fuperftitions de ce peuple infidelle en l'honneur de leur
Dieu Apis, fous la forme d'vn
bœuf, duquel ils penfoient tenir
toute la richeffe qu'ils auoient.

Dans cette Monarchie l'vtilité
qui procede de la culture des
champs fait noftre plus grand reuenu. Nos bleds & nos vins font
nos Indes & noftre Perou ; de là fe
tire le meilleur fond de noftre Efpargne. C'eft pourquoy de tous
les fujets du Roy, il n'y en a point
qui meritent mieux fa protection
que les laboureurs, qui nourrif-
fent les autres qui ne trauaillent
point à la terre, de quelque condition qu'ils foient ; neantmoins
nous voyons que ce font ceux-là
qui font le plus expofez à la pillerie de nos fangfuës publiques, qui
ne leur laiffent ny bœuf ny beftail,
ny aucun vftancile qui puiffe feruir à leur meftier, ny mefme rien
dequoy viure; chofe expreffément
defenduë par les Ordonnances de

nos Roys, que j'ay veu ſouuent violer; & plus expreſſément encore par celle de Dieu, qui ſous la defenſe qu'il te fait de ne muſeler point la bouche du bœuf qui trauaille, & qui fait ſortir ton bled de ſon eſpic en le foulant, te commande figuratiuement de laiſſer au laboureur dequoy viure, *Non alligabis os bouis triturantis.*

Outre ces deux moyens du domaine & des fruits qui procedent de la culture de la terre pour faire fond aux finances, il y en a vn troiſieſme tres-conſiderable, qui eſt le droit qui ſe prend ſur les marchands qui apportent ou emportent les marchandiſes ; droit juſte & neceſſaire en tout Eſtat, pourueu que la taxe de cét impoſt qui ſe leue, ſoit aſſez moderée pour ne rüiner pas le commerce.

Ie ne parle point d'vne infinité
de moyens pour mettre de l'ar_
gent dans les coffres du Roy,
qu'on appelle cafuels & extraor-
dinaires, dont ie ne fçay pas le
nom, Dieu mercy. Ie diray fimplement que le peuple eft fi foûmis, qu'il feroit tout cĕ qui luy
feroit poffible pour les payer au
Roy, s'il n'auoit point ce defplai-
fir de voir que la meilleure partie
en demeure entre les mains rauif-
fantes de fon exacteur.

Il eft certain qu'il n'y a rien de
plus jufte, ny d'vne plus grande
neceffité dans vn Eftat, que de
payer les droits qui font deus au
Roy. Le fond de fon autorité
confifte en partie en celuy de fon
Efpargne. S'il eft pauure, il eft im-

puiſſant de proteger ny les ſiens,
ny ſes alliez; il eſt decredité parmy ſes voiſins. Si le fond de ſon
Eſpargne eſt bien remply, il deuient le maiſtre du commerce,
l'arbitre entre les Princes ſes voiſins; & la guerre ou la paix auec
eux, ou entr'eux ne dépend que
de luy. I'entends ſi le Prince eſt
tel qu'il doit eſtre; s'il n'auoit que
de l'argent ſans merite, auec toutes ſes richeſſes il ſeroit toûjours
vn pauure Prince.

Les Roys ont tant de reſources
pour auoir de l'argent, qu'ils ne
peuuent jamais eſtre pauures,
pourueu qu'ils ne permettent
point qu'on faſſe de mendians en
leur Royaume. Leurs ſujets ſont
les racines qui nourriſſent le corps
de l'arbre de la Monarchie, deſquelles

quelles on ne peut épuiser toute la subſtance, que le tronc ne ſe deſſeiche tout auſſi-toſt.

Les ſubſides qui ſe leuent ſur eux doiuent eſtre comme ces vapeurs onctueuſes & latites , qui montent doucement de la terre en l'air, où ſe font ſes menuës pluyes qui entretiennent ſa fecondité.

Ceux qui ſe leuent par force, & auec vne violente exaction , reſſemblent, à ces exhalaiſons nitreuſes & acres , qui forment les bourraſques & les tempeſtes, qui deſertent ſouuent le lieu meſme d'où elles ſe font eſleuées.

C'eſt pourquoy les Roys doiuent eſtre merueilleuſement ſoigneux au choix de ceux auſquels ils donnent la ſur-intendance de leurs Finances , & les prendre ſi

def-intereffez, qu'ils n'ayent pas
feulement les mains nettes, mais
que ceux qui trauaillent fous eux
les ayent auffi bien qu'eux ; parce
qu'ils font en quelque maniere
coupables deuant Dieu de toutes
les concuffions qui fe font fous
leur nom.

L'inuentaire feul des grandes
richeffes que laiffent en mourant
ces fangfuës publiques, & qui ont
l'infolence de les compter par millions comme les comptent les
Souuerains, eft vne preuue affez
conuainquante du mauuais vfage
qu'ils en ont fait.

L'eftabliffement de la Chambre
de Iuftice ne s'eft fait que pour la
recherche de toutes les volleries
faites dans l'Eftat par les gens de
finances & de party. Leur embon-

point, & celuy de leurs infames
fatelites, ne s'eſt pû faire que de
la ſubſtance des ſujets du Roy, de
toutes ſortes de conditions, qu'ils
ont eſpuiſée juſques à la derniere
goutte.

Ils ont commencé par le menu
peuple, qui eſt le plus indeffendu,
qu'ils ont reduit à vne telle men-
dicité, que ce ſeroit vne grace à la
meilleure partie d'entr'eux d'eſtre
en priſon, ſi pour y viure on leur
vouloit accorder le pain du Roy.
Ils n'ont pas meſme laiſſé la liberté aux riuerains de la mer d'en
pouuoir prendre impunément de
l'eau pour ſaler leur pot. Enfin la
cruauté qu'ils ont exercée contre
le peuple, en faiſant vendre à vil
prix leurs meubles & leur fond,
dont ils ont ſouuent eſté les adju-

dicataires, l'a rendu infoluable, & caufé la plus grande partie des non-valeurs.

Les aifez, les marchands, les Communautez, & les gens de Iuftice, à la referue des Cours fouueraines, n'ont pas efté moins expofez que les pauures à la pillerie de ces brigands, foit par emprunts, par taxes, ou par fupplémens, dont il n'eft pas reuenu le dixiefme denier dans les coffres du Roy.

Ces peftes publiques, efgalement pernicieufes aux petits comme aux perfonnes de mediocre condition, ont fappé le fondement des maifons des Grands, lefquels ayant voulu non feulement imiter le luxe qu'ils ont introduit dans l'Eftat par leurs profufions

& folles defpenfes, mais le furpaffer felon le rang qu'ils y tiennent au deffus d'eux, fe font trouuez infenfiblement chargez de fi
grandes debtes, que les vns pour
s'acquiter, & les autres pour le
continuer, ont efté contraints
d'expofer en vente leurs Charges,
leurs Marquifats, leurs Comtez &
leurs Duchez à ceux qui tiennent
la bourfe, qui meriteroient mieux
d'eftre à la chaifne, que d'eftre
leurs fucceffeurs. Cela eft caufe
que la plus grande partie des ho-
ftels des Princes, & des perfonnes
de la plus haute qualité, ont efté
vendus à des gens de finances &
d'affaires; & qu'en changeant de
maiftre, ils ont fi bien changé de
nom & de liurées, qu'il ne leur

F f iij

reste plus aucun vestige de leur ancienne noblesse.

S'il plaist à Dieu ce regne de fer s'en va passé ; nostre Roy, qui prend connoissance de tout ce qui se passe en son Estat, est si bon, qu'il sçait bien que la vie & le mauuais traitement du plus abject des siens est quelque chose de grand deuant Dieu. Que ses sujets sont ses membres, ausquels on ne peut faire d'outrage sans l'offenser. On n'a pas mesme accoustumé de retrancher ceux qui sont pourris, & hors de toute esperance de guerison, sans y appeller le Medecin. Le Medecin & le Chirurgien du meschant est la Iustice. Nous voyons maintenant qu'elle regne pour punir cette

gent peruerſe & execrable, qui a
fait perir de miſere & de faim tant
de gens, deſquels il reſte encore
apres eux quelque choſe d'eux qui
ſuruit & qui crie aujourd'huy vengeance contre eux en la Chambre
de Iuſtice.

Pour remedier aux maux de cette nature, le meilleur & le plus
prompt expedient de tous, ſeroit
de ſe ſeruir de la loy de la cenſure,
que le Iuriſconſulte Feſtus definit
par l'eſtimation des biens d'vn
chacun. Plutarque en la vie de
Caton, l'appelle vne loy tres-puiſ-
ſante, & tres-ſacrée. Les Grecs
s'en ſeruirent les premiers ; les
Romains en ſuite ſous le Roy Ser-
uius, dont la memoire fut depuis
ſi reſpectée parmy eux pour l'auoir
introduite, qu'apres auoir chaſſé

leurs Roys, & annullé, en haine
d'eux, toutes leurs Ordonnances,
la cenfure, qui eftoit de fon inftitu-
tion, demeura comme vne chofe
tres-falutaire à la republique, &
fa fonction fut transferée en la
perfonne des Confuls. Depuis elle
fut erigée en tiltre d'office, qu'on
exerçoit alternatiuement, & y fut
conferuée auec tant d'vtilité, que
depuis qu'elle fut delaiffée du
tout fous l'Empereur Decius, qui
nomma le dernier cenfeur, l'Empire ne fit plus que decliner.

On pourroit donc fuiuant cette
fainte & facrée loy, faire vne recherche tres-exacte de tous les
biens, meubles, immeubles & effets de toutes les perfonnes qui
ont mis la main dans les Finances
du Roy, & voir auffi quelles ont

esté toutes les profusions qu'ils
ont faites en despense de bouche,
de bastimens & autres folies, &
en dresser par ordre vn bon inuentaire.

On pourroit aussi faire la mesme recherche de tous les biens
que possedent vne infinité de petits voleurs prouinciaux, emissaires
des grands, qui sous leur nom ont
fait mille vexations indeuës, non
seulement contre le menu peuple,
mais contre toutes sortes de
conditions, gentils-hommes &
autres, lesquels ont mieux aymé
ceder beaucoup de choses qu'ils
ont exigé d'eux injustement, que
de faire vne nouuelle dépense
en se pouruoyant ailleurs. Ainsi
chaque Prouince du Royaume a
esté mise en proye, à vn exain

de petits brigandeaux , qui de
moufcherons qu'ils eftoient, font
deuenus en peu de temps de grof-
fes & importunes guefpes à toutes fortes de gens.

Ces deux inuentaires faits de
tout ce que poffedent maintenant
ces grands & ces petits voleurs, il
en faudroit faire deux autres de
tout ce qu'ils poffedoient auant
que d'entrer dans les affaires. Et
alors dans la confrontation de ces
deux fortes d'inuentaires, qui font
autant de tefmoins viuans, parlans
& fans reproche, on pourroit fans
autre formalité de Iuftice, par la
loy de la cenfure fainte & facrée,
laiffer aux gens d'affaires l'ancienne poffeffion de leur bien, & remettre auec Iuftice, entre les
mains du Roy , tout ce qui fe

trouueroit luy auoir esté vollé.

Cét examen de qu'as-tu? Qu'a-uois-tu? & où pris? s'est commen-cé contre les grands voleurs en la Chambre de Iustice. Ie ne croy pas qu'on ait encore trauaillé à ce-luy des voleurs prouinciaux. Pour le bien faire, il me semble qu'on y deuroit employer trois hommes choisis en chaque Prouince; l'vn du Corps de la Noblesse; l'autre de la Iustice, & l'autre qui fust d'vne integrité exemplaire & re-connuë d'entre les Bourgeois.

Ainsi le Roy y trouueroit plei-nement son compte, & sans qu'il y eust vne seule goutte de sang ré-pandu, on feroit sentir à ces gens-là qu'ils ne sont que poussiere, & qu'il leur faut retourner en pou-dre. Nous les verrions alors sortir

hors de leurs palais dorez, & re-
gagner le galetas, & fous leurs
anciens haillons, auec vn peu de
pain & de fourmage, furuiure en
leur mifere à l'infolence & à l'orgueil de leur profperité paffée.
Spectacle tres-agreable à voir à
toutes fortes de conditions, & qui
attireroit fur le Roy mille bene-
dictions, outre qu'il feruiroit d'v-
ne leçon tres-falutaire à tous ceux
qui manient, ou qui manieront
à l'auenir les deniers de fon Efpargne.

CHAPITRE XXIII.

QVE LE PRINCE ET LE SVIET
ne peuuent eſtre heureux, s'ils ne iouïſſent auec
la paix de l'Eſtat, de celle de leur conſcience.

IE finiray ces Elemens Politiques par la derniere partie de
ma definition, qui porte que toute ſocieté doit auoir pour ſa fin
principale le bien & l'vtilité commune des aſſociez. Le Prince &
le ſujet le ſont par la loy des reciproques. C'eſt pourquoy ils doiuent eſgalement joüir du benefice de cette fin, ſelon la difference
de leurs conditions. L'vn ne peut
eſtre heureux, que l'autre ne le
doiue eſtre auſſi. Quoy qu'en puiſ-
ſent dire les Philoſophes, il me
ſemble que la paix eſt le ſouuerain
bien de l'homme. Elle fut annon-

cée aux pasteurs par l'Ange à la naissance de IESVS-CHRIST, & par luy-mesme à ses Apostres, quand il s'apparut à eux apres sa mort. Dieu termina ce grand ouurage du monde par le Sabath, qui est le jour de paix & de repos.

La guerre, qui est son contraire, est vn fleau de Dieu, qui attire apres soy tous les autres fleaux ; & la paix vn Seminaire de toutes sortes de biens. Quand on en est en possession on la doit tres-soigneusement conseruer. La gloire du Prince a plus d'esclat dans le calme que dans la tempeste. Vn ciel serein & clair est plus agreable à voir que quand il est chargé de nuages. L'esprit tranquille du Prince qui est desarmé, ressemble à vn beau jour qui soûrit aux hom-

mes & à la nature. La grandeur de
fa majefté ne confifte pas en la
lueur de fes armes, ny au bruit
que font fes canons, ny à deferter
par le fer, le fang, & le feu tous
les lieux où il paffe; Elle eft beaucoup plus en fon luftre, fi comme
vn aftre benin elle remplit de bonnes influences tout ce qu'elle irradie.

Quand vn Prince fe trouue en
paix en fes Eftats; qu'il y eft craint
& refpecté des fiens, & de fes voifins; & affez puiffant pour fe faire
l'arbitre de tous leurs differends,
il regne fur eux en quelque façon
fans eftre leur Roy. Si auant que
de commencer vne guerre, il fe
reprefentoit combien de maux il
faut qu'il faffe, & qu'il fouffre, il
eft certain que les armes luy tom-

beroient des mains. Premierement il ne peut éuiter qu'il ne
s'expofe & les fiens, à mille dangereux euenemens, dont celuy
du combat eft le moindre. Que
tout le reuenu de fon Eftat ne foit
mis à l'ancan, & que fon peuple,
pour fubuenir aux frais de la guerre, ne foit furchargé d'impofts,
qui font fi grands, que miferable
alors eft le berger qui a plus de
peine à contenter les Dieux tute-
laires de fon troupeau, que les
loups mefmes. Enfin apres auoir
remué terre & mer ; paffé d'vn
moindre peril à vn plus grand; ef-
prouué le fort des armes, qui eft
incertain & journalier, nous
voyons toûjours que toute victoire irrite pluftoft l'appetit du van-
geur qu'elle ne le raffafie, & que
dans

dans le progrez d'vne guerre continuë, le vaincu attire souuent dessus sa propre ruïne celle de son vainqueur, si espuisé de sang, de forces & d'argent, qu'il se trouue plus proche de son tombeau que de son triomphe.

Peu s'en est fallu que nous n'ayons veu l'experience de ce que ie dis aux guerres passées, & particulierement en la rupture qui se fit en trente-cinq entre les deux Couronnes de France & d'Espagne, qui a duré si longtemps, que quoy que le bon fust de nostre costé, elles ont esté sur le point de s'entre-briser toutes deux, si la prudence & la vigueur de la Reyne Mere n'eust fait adroitement le hola, en mesnageant l'entreueuë des deux Roys, &

G g

vne nouuelle alliance entr'eux.

Vn pere de famille doux & pai-
fible vit tranquillement dans fa
maifon. Vn broüillon y laiffe plus
d'affaires & de trouble que de
bien. Qui feroit vne jufte eftima-
tion de ce que couftent ordinairement les conqueftes, elles ne
trouueroient point de marchand
qui en vouluft à fi haut prix. Tout
conquerant, quoy qu'il faffe, aura
des voifins malgré luy; la nature
ne permettant point qu'il y ait vn
progréz à l'infiny. Qu'on ne me
dife point qu'il n'y a que les armes
qui puiffent faire connoiftre la valeur d'vn homme: fans cette ef-
preuue, vn chacun peut eftre le
juge de la bonté de fon cœur; celuy qui hors de l'occafion reffent
en foy-mefme de l'auoir bon, le

trouuera meilleur encore dans le peril. S'il m'eſtoit permis d'alleguer vn mauuais auteur, ie dirois que ſouuent le mien s'eſt trouué plus ferme dans le beſoin que ie n'euſſe oſé me le promettre.

La Paix donc de par Dieu, la Paix. Philippes II. Roy d'Eſpagne eſtant aſſis en ſon cabinet, pouruent plus glorieuſement à la grandeur & à la ſeureté de ſes Eſtats, que s'il euſt eu le cul ſur la ſelle. Auguſte, le plus ſage politique qui ait jamais eſté, donna tout autant d'eſtenduë qu'il voulut à l'Empire Romain, eſtant deſarmé. L'art de bien & paiſiblement gouuerner vn Eſtat, eſt d'vne plus grande peine que celuy de vaincre ſes ennemis, & par conſequent plus glorieux. L'vn eſt vn coup de fortune,

Gg ij

& l'autre vn coup de maiſtre. La
guerre n'a point la guerre pour ſa
fin, non plus que le mouuement
le mouuement pour la ſienne; l'vn
a la paix, & l'autre le repos pour
ſa fin.

Les ſeignées que ſouffre vn
Eſtat, & les pillules ameres qu'il
luy faut aualer durant vne guerre
continuë, le vuident & l'affoiblif-
ſent ſi fort, que quand elle ceſſe,
il ne trouue point de paix dans la
paix. Semblable à ces infirmes at-
tenuez d'vne longue maladie, auſquels la langueur qui leur reſte,
apres que la fiévre eſt paſſée, ne
permet pas de joüir de la ſanté
qu'ils ont recouuerte. Vn vaiſſeau
battu d'vne longue tourmente,
roule plus, & ſouffre vne plus forte agitation quand le vent ceſſe,

que durant la tempeſte meſme,
juſques à ce que la mer ſe ſoit remiſe en ſon lict. C'eſt pourquoy
quand vn Eſtat eſt valetudinaire,
le Prince, qui eſt le plus inte-
reſſé à ſon ſalut, doit ordonner
luy-meſme du regime qui luy ſera
le meilleur pour le reſtablir, &
meſurer la doze de ſes charges à
ſes forces, ſans le trop, ou le trop
peu ſoulager.

Vn Prince ne peut eſtre heureux ſi tous ſes ſujets ne partici-
pent à ſon bon-heur; il ne ſera jamais grand s'il ſe propoſe de l'eſtre
ſeul, & s'il ne tient touſjours auprés de luy des perſonnes de condition, de commandement & de
merite, qui faſſent vne partie des
fleurons de ſa Couronne. Leur
pourpre luy eſt neceſſaire pour

luy faire honneur, comme à la
rofe les feüilles qui l'enuironnent.
Il faut auffi que fon peuple ne foit
pas miferable, & qu'il fe reffente
vn peu de l'effence & de la felicité
de fon Prince. Vn riche chapiteau
perd beaucoup de fon ornement
& de fa grace fous vn pauure pied-
d'eftail. La majefté d'vn grand
Prince eft tres-auilie, fi la meilleure partie de ceux qui luy obeïffent
n'eft compofée que de miferables.
Vn bon pere de famille fouffre à
peine que le moindre de ceux qui
le feruent ne foit reueftu que de
haillons.

Comme c'eft vn grand fujet de
contentement à vn Prince quand
il void de la joye par tout où il eft;
que les champs fourmillent de
peuple; que la Iuftice regne auec

luy; & qu'en quelque lieu qu'il
foit il ne rencontre point de vifages qui foient capables de luy faire ny peur ny pitié. Ce luy eft auffi
vn grand fujet d'affliction, quand
il void que durant vne guerre continuë les loix deuiennent muettes,
la Iuftice fe defaprend, les arts
chomment, le commerce eft fuf-
pendu: que la plus grande partie
de fon Royaume eft defolée; &
que ce qui luy refte encore d'entier eft expofé au pillage, à la mu-
tinerie inconfiderée d'vne folda-
tefque impetueufe & eftourdie,
laquelle autrefois fous le declin de
l'Empire Romain, fe mit en poffeffion du pouuoir de faire & dé-
faire les Empereurs.

Ce n'eft pas qu'il n'y ait des occafions, où ce feroit vne efpece de

laſcheté de ne prendre point les
armes, comme quand le droit des
gens eſt violé dans la perſonne
d'vn Ambaſſadeur qui repreſente
directement celle de ſon Maiſtre.
La guerre eſt alors legitime ſi la ſatisfaction n'eſt encore plus grande que n'eſt l'offence receuë: mais
certes, pour la bien meſurer, ie
voudrois que l'offencé ſe miſt en
la place de l'offençant, & qu'il ſe
contentaſt de la ſatisfaction qu'il
voudroit faire.

En vain vn Prince aura donné
la paix à ſon Eſtat, fortifié ſes fron-
tieres, & mis ſur pied quantité de
gens de guerre pour en aſſeurer le
dehors & le dedans, s'il ne peut en
joüir pleinement : ſi auparauant
il ne s'eſt rendu le maiſtre de ſes
vices, qui ſont autant d'ennemis

interieurs qui regnent fur luy; &
que fes fujets, qui ont chez eux
ces mefmes ennemis domeftiques
n'en faffent autant. Pour paruenir
à cette victoire, il faut que le Prince enfeigne le premier à bien faire en bien faifant ; & que comme
il eft le plus grand en autorité, il
le foit encore par fon bon exemple.

L'innocence de la vie, en quoy
confifte la paix de l'ame, fe peut
acquerir en deux manieres ; par
exemple, & par habitude. Par
exemple, fur la perfonne des Roys
& fur celle de fes parens, qui feront de bonnes gens s'ils font
bons; par habitude, en faifant di-
ftiller peu à peu dans l'ame des
jeunes gens la douceur des commandemens de Dieu, qui ne font

en effet qu'vne expreſſion verbale
de la voix muette de nature, dont
le cours eſt doux & aiſé ; & par
conſequent ils ne doiuent rien
contenir qui ſoit au deſſus de nos
forces. Mon joug eſt doux,& mon
fardeau leger, dit le Seigneur ; ce
qui ne ſeroit point veritable ſi
nous ne le pouuions ſupporter.

Cela eſtant, ie ne fais point de
doute qu'vn enfant , qui dés le
laict ſera eſleué dans la pratique
des commandemens de Dieu, par
des parens qui ſeront gens de
bien, & de bon exemple, ne faſſe
voir dans le progrez de ſa vie la
poſſibilité de la loy de Dieu. Que
ſi par la nonchalance de ſes ſur-
ueillans, ou que pour n'auoir pas
encore eu la capacité de faire le
diſcernement du vray bien, ou du

vray mal d'auec le bien ou le mal,
il s'escarte tant soit peu hors de la
bonne voye, on le verra reuenir
luy-mesme de son esgarement, si-
tost qu'il aura reconnu par le trouble qu'aura excité en son ame l'appetit ou de la superbe, ou de la
desbauche des femmes & du vin,
ou de la haine, ou de l'auarice, ou
de l'enuie, que toutes ces choses
ne sont que des biens apparens
& trompeurs; alors la laideur du
vice, & son illusion, à laquelle il
aura donné quelque complaisan-
ce, & le ressentiment qu'il aura
dans l'ame de sa morsure & de sa
cuisson, fera que pour la guerir il
l'écrasera, comme le scorpion, sur
la playe mesme qu'il aura faite.

Il est certain que la seule consideration de la difformité du vice,

& de tous les maux qui font de fa
fuite, & que la componction qui
confole le cœur, qui eft le criminel, en le chaftiant, eft le moyen
le plus feur pour remettre vne
ame en la bonne voye. Toutes les
autres aufteritez qui prennent le
change, en puniffant le feruiteur
pour les fautes du maiftre, contri-
ftent pluftoft l'ame en affligeant
le corps qui eft fon affocié, qu'ils
ne la rendent meilleure.

Nous autres qui fommes vn peu
plus materiels, laiffons l'vfage de
ce ragouft & de cét entremets de
deuotion à ceux qui l'aiment, fans
en condamner la pratique, &
voyons s'il n'y a point de voye
moins efpineufe, & plus conforme à noftre nature que celle-là.

Cherchons dans la malignité

du peché le fujet de noftre auer-
fion contre luy; voyons quel peut
eftre le contentement de celuy
qui brufle d'vn feu que fes concu-
pifcences ont allumé; & fi celuy
qui porte auec foy la puanteur de
fa prifon, & la pefanteur de fes
fers, & qui fent en foy-mefme fon
bourreau peut eftre heureux. Cela fait, tournons le reuers de la
medaille, & voyons en fon jour la
beauté de l'innocence de la vie,
nous trouuerons qu'elle n'eft ny
chagrine, ny hargneufe, ny jalou-
fe, ny inquiete, ny injurieufe à
quoy que ce foit; au contraire,
qu'elle eft douce & tranquille, en-
joüée, officieufe & moderée en
toutes chofes. Elle joüit fans excez de tous les biens que Dieu luy
prefente par les mains de la natu-

re; elle en vſe ſans en abuſer. Enfin on peut par ſon moyen aller au Ciel par le Paradis terreſtre, taſchons donc de l'acquerir ſi nous y voulons aller, & poſſeder nos ames en paix.

Dans le tiſſu de cét Ouvrage j'ay tenu toûjours en main, autant qu'il m'a eſté poſſible, le fil de la conduite de nature, pour ne m'eſgarer point dans le deſſein que j'ay eu de rechercher juſques dans ſa ſource l'origine de toute bonne police, & ſur tout de l'autorité Royale, qui eſt la plus parfaite de toutes. I'ay fait voir de proche en proche, depuis la premiere ſocieté, qui fut celle du corps avec l'ame, juſques à la derniere, qui fut celle du ſujet & du Prince, que quoy que la partie ſuperieure ait

deu auoir fur l'inferieure quelque
autorité, elle n'eft pas fi foûmife
qu'elles ne s'entretiennent d'vne
liaifon fi neceffaire, qu'elles ne
puiffent ny fe conceuoir, ny fubfifter l'vne fans l'autre. L'homme
n'eft homme qu'en l'vnion de
l'ame & du corps; le mary & la
femme, le pere & le fils, le Prince
& le fujet font autant de conditions qui n'ont eftre qu'en leur
relation. De forte que fi noftre
fujetion enuers le Prince eft felon
nature, il nous doit fa protection
felon la mefme nature, par la neceffité des reciproques.

Ie ne doute point qu'il n'y ait
quelque chofe qui ne foit pas affez jufte dans le rapport que j'ay
voulu faire du bon gouuernement
d'vn Eftat auec celuy de nature,

attendu que le mouuement de
l'vn eſt regulier, & que celuy de
l'autre ne l'eſt pas. Mais comme
il y a eu peu de gens qui ayent recherché les raiſons de la police
juſques dans ſes premiers elemens, j'eſtime que ie ſuis plus ex-
cuſable d'auoir oſé mettre au jour
ce que ie me ſuis imaginé de voir
dans vn abyſme qui eſt ſi profond,
que de m'eſtre mis à la queuë de
ceux qui ont eſcrit ſur cette matiere; & tranſcrire en mon rang,
comme ils ont fait, l'opinion de
ceux qui les ont deuancez.

F I N.

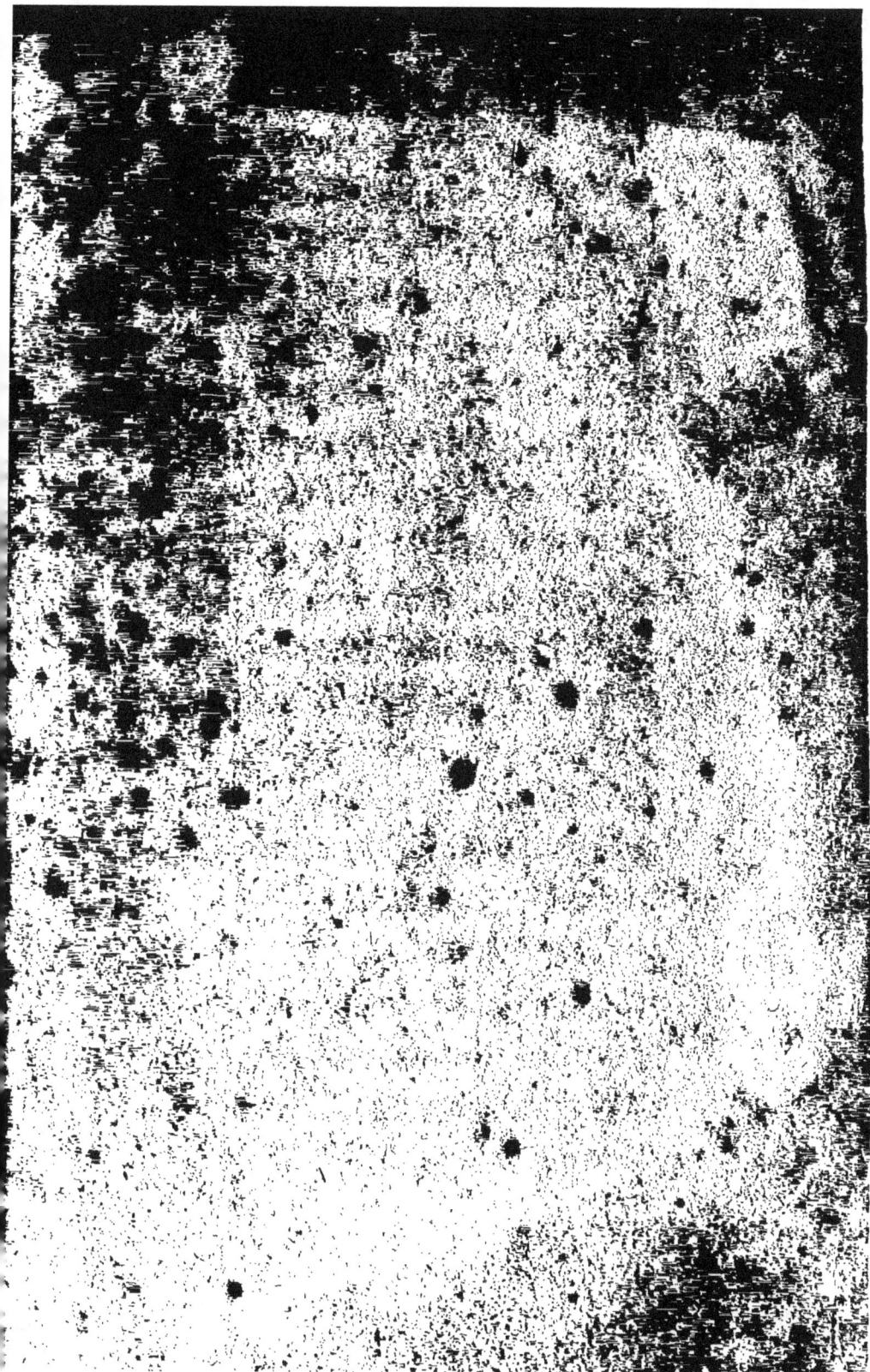

www.ingramcontent.com/pod-product-compliance
Lightning Source LLC
Chambersburg PA
CBHW050550270326
41926CB00012B/1998